我的孩子得了自闭症

自闭谱系障碍儿童融合教育支持手册

苏雪云 朱霖丽 著

上海社会科学院出版社
SHANGHAI ACADEMY OF SOCIAL SCIENCES PRESS

前　言

这本书，前前后后列提纲，写草稿，推翻提纲，再写，有六年的时间。原因之一是，自闭谱系障碍儿童融合之路的现实很骨感，我们内心是惶恐的，不知道这 50 个问题，可以为家长和教师提供多少支持；原因之二是，自闭谱系障碍的融合教育之路是曲折和繁复的，这 50 个问题也不能穷尽一切问题。

但最终还是踯躅前行，我们没有把这本书写成理论论述，而是选择以问答的形式。通过前期对不同年龄段的自闭谱系障碍儿童的家长、典型发展儿童的家长，不同学段的普通学校教师、资源教师和特教教师的焦点组访谈，我们筛选出了这些问题。问题的答案，我们是基于这样三个原则：一是基于实证，参考目前的研究和实践证据；二是通俗易懂，避免冗长的学术术语；三是理论与实践结合，力求有可操作性。

本书也是国家社会科学基金项目一般项目（项目编号 16BSH106）“农村地区 0—6 岁残疾儿童早期干预联结系统研究”的研究成果，感谢积极参与追踪研究的自闭谱系障碍儿童和家长们以及所有的教师们。

从最初进入特殊教育领域至今，已经有20多个年头，我此刻能想起很多孩子的面容，他们患有自闭症，但他们也是具有情感体验和独特个性的神奇的生命，也都是他们父母的最爱。感谢你们，拓展了我的学术和生活的视野，让我看到生命的深邃与丰富，让我明白绝对不能从一个人的表面来评判一个人；也非常感谢亲爱的家长们，有很多与我成为了多年老友，你们的睿智、温暖和坚持，不仅点亮你们的孩子的生命，也给了无数次迷茫的我前行的力量。

非常感谢恩师方俊明老师，感谢为本书查阅文献资料的文宇云、陈昕慧，谢谢第二作者朱霖丽的认真与勤勉，我们一起完成本书的写作。也非常感谢上海社会科学院出版社编辑杜颖颖的耐心和包容。

期待读者的批评指正，也愿中国的融合教育支持不断完善，每个个体都能得到适当的高质量的教育，都能被温柔以待。

苏雪云

2020年8月31日

目　录

第二部分 自闭谱系障碍儿童融合教育的家庭支持

第三部分 自闭谱系障碍儿童融合教育的学校支持

第五部分　资源推荐

第一部分
自闭谱系障碍基础十问

1. 自闭谱系障碍是什么？

自闭谱系障碍（Autism Spectrum Disorders，为了方便后文也使用 ASD 或大众更为熟悉的“自闭症”）是一种发展性障碍，这种障碍给儿童的言语沟通和非言语性的沟通以及社会性发展都带来了显著的影响。1943 年，Kanner 博士首次提出“自闭症”（Autism）的概念，而差不多同时，Asperger 博士用“阿斯伯格综合征”（Asperger's Symdrome）来称呼他发现的个案。至今我们尚未探明自闭谱系障碍产生的确切原因，其发生率一直在增高，据悉美国的发病数据为 1∶54（美国疾病预防与控制中心，2020）①，ASD 儿童男性比率比女性高 3～4 倍，但女性发病时病征会较男性严重。中国尚未开展大型的自闭谱系障碍流行病学调查，保守估计，中国自闭谱系障碍发生率大约为 1%，也

① Centers for Disease Control and Prevention. Prevalence of Autism Spectrum Disorder Among Children Aged 8 Years—Autism and Developmental Disabilities Monitoring Network, 11 Sites, United States, 2016 [EB/OL]. https://www.cdc.gov/mmwr/volumes/69/ss/pdfs/ss6904a1-H.pdf, 2020-03-27.

就是说，在中国13亿人口中，至少有超过1 000万的自闭谱系障碍个体，其中0～14岁的儿童数量超过200万。根据中国新生儿的出生率计算，每年新增自闭谱系障碍儿童数量超过16万[①]。

2013年5月，美国精神医学学会正式出版了《精神障碍诊断与统计手册(第五版)》(DSM-Ⅴ)，将原先第四版(DSM-Ⅳ)的"自闭症三岁前发病"改为整个儿童期，把DSM-Ⅳ中"广泛性发育障碍"改为了"自闭谱系障碍"，前者之前包括的四种亚型(自闭症、阿斯伯格综合征、童年瓦解性障碍以及待分类的广泛性发育障碍)都并入了自闭谱系障碍中。"谱系"一词强调了各个亚型具有的统一连续性，区别仅在于障碍程度的轻重。因此自闭谱系障碍可以理解为一组起源于儿童早期，以社会交往或沟通障碍、兴趣范围狭隘或重复刻板行为为主要特征的发育障碍。主要核心障碍表现为缺乏社会沟通和人际互动能力，并伴随重复性行为以及刻板的兴趣。DSM的界定还是基于行为观察和临床经验，目前对于"自闭谱系障碍是什么?"这个问题，并没有一个病因学上的界定。

自闭谱系障碍儿童的这些核心障碍通过密集和科学的早期干预，可以获得很大程度的改善，虽然研究认为自闭谱系障碍儿童的核心障碍可能会伴随终生，但也有很多儿童可以获得"最佳发展成果"，在经过早期干预后可以摘掉"自闭谱系障碍"的诊断。

自闭谱系障碍会伴有智力障碍，运动协调困难，注意力缺陷和身体健康问题，如睡眠和肠胃功能紊乱等。有些自闭谱系障

① 五彩鹿自闭症研究院(2017).中国自闭症教育康复行业发展状况报告(Ⅱ).北京：华夏出版社.p.18.

碍者在视觉技能、数学和音乐、艺术等方面具有特殊才能。事实上，每个自闭谱系障碍儿童都是独一无二的，他们在用自己独特的能力和“非典型”的方式来学习和面对世界。

知识小卡片 1-1

一起来划重点!

自闭谱系障碍，自闭症、孤独症、“阿斯”……自闭症有很多不同的名字，但都是基于行为观测来进行诊断，一是社交沟通障碍，二是兴趣范围狭隘或重复刻板行为。但目前依旧“病因不明”！

每一个自闭谱系障碍儿童的特征和需要都是不同的！自闭谱系障碍儿童首先是儿童！

刚开始发现或者觉察到孩子“不一样”的时候，“我的孩子是自闭症吗?”这个问题会一直困扰着家长。许多家长会认为自己的孩子只是有些方面比别的孩子慢一些，发育迟缓些，应该不会是自闭症。也有人会说“贵人语迟”，抱着这样态度，有的家长选择等一等，等待孩子可以随着成长某些行为消失或者发展出来，但或许因此就失去了最佳的干预期。家长通常是第一个觉察到孩子的“异常”发育的人，作为家长，首先要做的就是对自闭谱系障碍的含义和行为表现有一定的了解。

自闭谱系障碍一般被认为是一种由脑部发育缺陷引起的广泛性发展障碍，中国学者和家长常用“自闭症”或者“孤独症”来指称这一障碍，而在《精神障碍诊断与统计手册(第五版)》(DSM-Ⅴ)中已开始使用自闭谱系障碍来统称在沟通和社交方面有相似困难表现的一系列障碍。没有两个自闭谱系障碍儿童是一模一样的，每个自闭谱系障碍儿童的症状和严重程度都有着或多或少的差别。一般而言，其症状是社会性和沟通缺陷、狭隘兴趣和重复或刻板行为，具体可见表 1-1。

表 1-1　自闭谱系障碍儿童可能有的行为表现①

社交、沟通方面	● 与他人谈话时缺乏眼神交流，也不会运用手势和面部表情。 ● 难以理解别人的情感。 ● 不愿意和同龄的伙伴一起玩耍。 ● 在结交朋友、维持与其他同学友谊上存在困难。 ● 不愿与他人分享自己感兴趣的活动。 ● 语言少。 ● 在语言学习方面存在困难（如速度慢）。 ● 存在重复某些话语的情况（如鹦鹉学舌式语言），说话语调、音量不正常。 ● 造句困难，与他人对话困难。 ● 很少进行模仿或角色扮演。
狭隘兴趣、刻板行为方面	● 总是无目的、有节奏地重复进行一些动作（如不停地摇晃、旋转身体，不停地拍手，用手指敲击桌面）。 ● 对某一特定事物有着不寻常的强烈的兴趣（如总是谈论相同的话题或玩同一事物，知道某一特定事物的大量信息）。 ● 相对于玩具整体，更喜欢玩玩具的一部分（如快速旋转玩具车的车轮）。

当儿童表现出表中列举的一些症状时，家长可以做什么呢？②

第一，家长要更加留心和仔细观察儿童的表现，将儿童的发展情况与各个发展领域的关键时间点及同龄典型发展儿童的发展（表 1-2）进行比较，也可以借助一些简单的筛查工具（比如 ASQ-3）

① 修改自：苏雪云，严淑琼（2014）. 自闭谱系障碍儿童教育指导手册. 上海市长宁区特殊教育指导中心.

② 苏雪云（2014）. 如何理解自闭谱系障碍和早期干预. 北京：北京大学出版社，3.

进行筛查。与此同时，增加与儿童高质量的亲子互动时间，通过观察孩子，了解孩子的兴趣点，模仿孩子的行为与语言，鼓励孩子模仿你等，为儿童提供更丰富更多样的学习机会和各种经验。

表 1-2　0～6 岁儿童发展里程碑①

儿童年龄	发展里程碑	要注意咯！（发展警示！）
0～1 个月	○ 头可以从一边转向另一边 ○ 醒着时，目光能追随距眼睛 20 厘米左右的物体 ○ 在儿童身边摇响铃，儿童的手脚会向中间抱紧 ○ 与陌生人的声音相比，儿童更喜欢听母亲的声音 ○ 能分辨味道，喜欢甜味 ○ 对气味有感觉，当闻到难闻的气味时会转开头 ○ 当听到轻音乐、说话声时会安静下来 ○ 会微笑，会模仿人的表情	◎ 对大的声音没有反应 ◎ 对强烈的光线没有反应 ◎ 不能轻松地吸吮或吞咽 ◎ 身高、体重不增加
1～3 个月	○ 俯卧时能抬头，逐渐能撑起前臂 ○ 能把小手放进嘴里，能握着玩具 ○ 能配合成人翻身，由仰卧转为侧卧 ○ 喜欢看妈妈的脸，看到妈妈就高兴 ○ 听到悦耳的声音会停止哭泣 ○ 开始认识物体，眼睛盯着喜欢的东西看 ○ 会笑出声，会叫，喜欢与人“交流”，见人会笑 ○ 能以不同的哭声表达不同的需要 ○ 喜欢让熟悉的人抱，吃奶时发出高兴的声音	◎ 儿童的身高、体重和头围指标没有增加 ◎ 不能对别人微笑 ◎ 两只眼睛不能同时跟随移动的物体 ◎ 听到声音时，不能转头寻找 ◎ 俯卧时，不能撑起头和上半身

① 中华人民共和国教育部.联合国儿童基金会(2012). 0～6 岁儿童发展里程碑.

（续表）

儿童年龄	发展里程碑	要注意咯！ （发展警示！）
4～6个月	○ 乳牙萌出 ○ 能翻身，靠着东西能坐或能独坐 ○ 会紧握铃铛，主动拿玩具，拿着东西就放嘴里咬 ○ 玩具能在两只手间交换 ○ 喜欢玩脚和脚趾头 ○ 喜欢看颜色鲜艳的东西，会盯着移动的物体看 ○ 会大声笑，会自己发出"o""a"等声音，喜欢别人跟他说话，并且发出应答的声音 ○ 开始认生，认识亲近的人，见生人就哭 ○ 会故意扔、摔东西 ○ 喜欢与成人玩"藏猫猫"游戏 ○ 对周围事物都感兴趣 ○ 能区分成人说话的口气，受到批评会哭 ○ 有明显的害怕、焦虑、哭闹等反应	◎ 不会用手抓东西 ◎ 体重、身高不能逐渐增长（太慢或者太快都要注意） ◎ 不会翻身
7～9个月	○ 能自己坐，扶着成人或床沿能站立，扶着成人的手能走几步 ○ 会爬 ○ 能用一个玩具敲打另一个玩具 ○ 能用手抓东西吃，会自己抱奶瓶喝奶，能用拇指、食指捏起细小物品 ○ 能发出"ba ba"等音 ○ 能听懂成人的一些话，如听到"爸爸"这个词时能把头转向爸爸 ○ 喜欢要人抱，会对着镜子中的自己笑 ○ 学拍手，能按成人的指令指出灯、门等常见物品和五官等 ○ 喜欢成人表扬自己	◎ 不能用拇指和食指捏取东西 ◎ 对新奇的声音或不寻常的声音不感兴趣 ◎ 不能独坐 ◎ 不能吞咽菜泥、饼干等固体食物

（续表）

儿童年龄	发展里程碑	要注意咯！（发展警示！）
10～12个月	○ 长出6～8颗乳牙 ○ 能熟练地爬 ○ 扶着家具或者别的东西能走，有的儿童能自己走 ○ 能滚皮球 ○ 能反复拾起东西再扔掉 ○ 不像以前那样经常把玩具放进嘴里 ○ 会找到藏起来的东西，喜欢玩藏东西的游戏 ○ 用面部表情、手势、简单的词语与成人交流，如微笑、拍手欢迎、伸出一个手指表示1岁等，会随着音乐做动作 ○ 能配合成人穿脱衣服 ○ 会搭1～2块积木 ○ 喜欢听儿歌、讲故事，听成人的指令能指出书上相应的东西 ○ 能模仿叫“爸爸”“妈妈” ○ 喜欢跟小朋友一起玩	◎ 当快速移动的物体靠近眼睛时，不会眨眼 ◎ 不会模仿简单的声音 ◎ 不能根据简单的口令做动作，如“再见”等 ◎ 不能自己拿奶瓶喝水或奶
1岁～1岁半	○ 有8～14颗乳牙 ○ 能单独站立、行走、蹲下再起来，会抬一只脚做踢的动作 ○ 走路时能推、拉或者搬运玩具 ○ 能敲打瓶子、鼓等发声的玩具 ○ 重复一些简单的声音或动作 ○ 听懂和理解一些话，能说出自己的名字 ○ 能用一两个字表达自己的意愿 ○ 喜欢看书，学着翻书，但不能一页一页地翻 ○ 能从杯子中取出或放进小玩具	◎ 还没有长牙 ◎ 不能表现出愤怒、高兴、恐惧等情绪 ◎ 不会爬 ◎ 不会独自站立

（续表）

儿童年龄	发展里程碑	要注意咯！ （发展警示！）
1岁～1岁半	○ 喜欢玩“捉迷藏”游戏 ○ 能有意识地叫“爸爸”“妈妈” ○ 能指出或命名熟悉的东西 ○ 能认出镜子中的自己 ○ 能堆起3～5块积木 ○ 能自己用杯子喝水，用勺吃饭 ○ 能指出身体的各个部位 ○ 能和小朋友一起玩一小会儿	
1岁半～2岁	○ 能向后退着走，能扶栏杆上下楼梯 ○ 在成人照顾下，能在宽的平衡木上走 ○ 能快跑 ○ 能扔球 ○ 喜爱童谣、歌曲、短小故事和手指游戏 ○ 能拉开和闭合普通的拉链 ○ 模仿做家务（如给成人搬个小凳子，学着捏面食） ○ 能手口一致说出身体各部位的名称 ○ 能主动表示大小便的意愿 ○ 知道并运用自己的名字，如“宝宝要” ○ 能自己洗手、擦手 ○ 会说3～4个字的短句 ○ 能一页一页地翻书 ○ 模仿折纸，能堆6～10块积木，拼1～3块拼图 ○ 喜欢玩沙、玩水 ○ 能认出照片上的自己	◎ 不会独立走路 ◎ 不试着讲话或者重复词语 ◎ 对一些常用词不理解 ◎ 对简单的问题，不能用“是”或“不是”回答 ◎ 认不出镜子中的自己 ◎ 囟门没有闭合

（续表）

儿童年龄	发展里程碑	要注意咯！ （发展警示！）
2～3岁	○ 乳牙出齐20颗 ○ 会骑三轮车；能跳远；能爬攀登架；能双脚向前跳；能独自绕过障碍物（如门槛） ○ 能用手指捏细小的物体，能解开或扣上衣服上的大纽扣 ○ 能走较宽的平衡木 ○ 能自己上下楼梯 ○ 会拧开或拧紧盖子 ○ 能握住大的蜡笔在纸上涂鸦 ○ 喜欢倒东西和装东西的活动，如玩沙、玩水 ○ 开始有目的地使用东西，如把一块积木当作一艘船到处推 ○ 能把物体进行简单的分类，如把衣服和鞋子分开 ○ 熟悉主要交通工具及常见动物 ○ 说出图画书中物品的名称 ○ 喜欢听成人念书 ○ 能听懂较多话，但不能说出来 ○ 能说出6～10个词的句子，能比较准确地使用“你”“我”“他” ○ 情绪不稳定，没有耐心，很难等待或者轮流做事 ○ 喜欢“帮忙”做家务；爱模仿生活中的活动，如喂玩具娃娃吃饭 ○ 喜欢和别的儿童一起玩	◎ 不能自如地走，经常会摔倒；不能在成人帮助下爬台阶 ◎ 不能指着熟悉的物品说出它的名称；不能说2～3个字的句子 ◎ 不能根据一个特征把熟悉的物品分类，如把吃的东西和玩具分开 ◎ 不喜欢和小朋友玩
3～4岁	○ 能交替迈步上下楼梯 ○ 能倒着走，能原地蹦跳 ○ 能短时间单脚站立 ○ 能画横线、竖线、圆圈 ○ 能一页一页地翻书 ○ 喜欢堆积木 ○ 能认真听适合他年龄段的故事，喜欢看书，并假装“读书”	◎ 听不懂别人说的话 ◎ 不能报出自己的名字和年龄，不能说3～4个字的句子 ◎ 不能自己一个人玩三四分钟 ◎ 不会原地跳

（续表）

儿童年龄	发展里程碑	要注意咯！ （发展警示！）
3～4岁	○ 认识三角形、圆形、正方形 ○ 能说出红、黄、蓝三种颜色的名称 ○ 能用简短的话表达自己的愿望和要求 ○ 问越来越多的问题，如“是什么”“为什么”等 ○ 能简单讲述看到和发生的事情 ○ 能记住家人的姓名、单位、电话和家庭住址等 ○ 能熟练使用筷子、勺等餐具 ○ 知道家里东西的位置 ○ 能按“吃的”“穿的”“用的”将物品分类 ○ 能用手指着东西数数 ○ 能与他人友好相处，懂得一些简单的规则，但常常不能坚持做 ○ 能参加一些简单的游戏和小组活动 ○ 非常重视看护自己的玩具；有时会变得有侵略性，如抢玩具、把玩具藏起来	
4～5岁	○ 能熟练地单脚跳 ○ 能沿着一条直线行走 ○ 轻松地起跑、停下、绕过障碍物 ○ 能正确地握笔，能画出简单的图形和人物 ○ 能串较小的珠子 ○ 理解10以内数的意义 ○ 能按照物体的颜色、形状等特征分类并进行有规律的排列 ○ 能独自看懂并说出简单图画的意思	◎ 无法说出自己的全名 ◎ 无法辨认简单的形状：圆形、正方形、三角形 ◎ 不能单脚跳跃 ◎ 不能独立上厕所，不能控制大小便，经常尿裤子

（续表）

儿童年龄	发展里程碑	要注意咯！ （发展警示！）
4～5 岁	○ 喜欢听有情节的故事、猜谜语 ○ 理解日常生活的顺序："我早上起床，穿衣服，刷牙，然后上幼儿园" ○ 能回答"谁""为什么""多少个"等问题 ○ 能说比较复杂的话，如"我还没看清楚猫的颜色，它就跑过去了" ○ 能比较清楚地表达自己的意愿 ○ 能努力控制自己的情绪，不乱发脾气，但有时会因为小挫折（如搭积木无法搭成自己想要的形状）而发脾气 ○ 喜欢与小伙伴玩；开始有"最好"的朋友，乐于参加集体活动 ○ 喜欢成人的表扬，对取得的成绩很自豪	
5～6 岁	○ 学习交替单脚跳 ○ 能连续跳绳 ○ 能快速、熟练地骑三轮车或有轮子的玩具 ○ 能自己穿衣服、进餐 ○ 能比较熟练地使用笔，能画出许多形状 ○ 能用各种形状的材料拼图 ○ 能把各种各样的物体分类，按从短到长、从小到大的顺序为物体排序 ○ 能把时间和日常生活联系起来："5 点钟了，该看电视了" ○ 能辨认一元、五元等钱币 ○ 能边看图画，边讲故事 ○ 能接电话，并能正确地转告简短的口信	◎ 不能交替迈步上下楼梯 ◎ 不能安静地听完一个 5～7 分钟的小故事 ◎ 不能独立地完成一些自理技能，如刷牙、洗手等

（续表）

儿童年龄	发展里程碑	要注意咯！（发展警示！）
5～6岁	○ 喜欢伙伴，有一两个要好的伙伴 ○ 能与小朋友分享玩具、轮流玩、一起玩 ○ 喜欢参加集体游戏和活动 ○ 能关心别人，尤其是对比自己年龄小的儿童、受伤的儿童和动物特别体贴 ○ 有更强的自我约束能力；情绪大起大落的情况减少	

第二，如果还是非常担忧儿童的发展，建议到正规医疗机构（三级甲等医院、专门的儿童/儿科医院或者妇幼保健医院）由专业医生进行诊断。条件允许的情况下结合特殊教育学、心理学领域的专业人员进行准确的评估，对儿童是否是自闭谱系障碍做出慎重而谨慎的决定。

第三，千万不要抱着“等等看”的态度，抱着侥幸的心态，等待孩子成长。早期一旦发现，第一时间介入和干预是关键。家长在发现自己的儿童存在“特殊”发展的情况下，及时进行干预是最重要的。改善儿童的环境，为儿童提供更丰富的与人与物互动的机会，为儿童创造“赶上去”的机会，而不能只是等着儿童自己赶上去。

另外要强调的是，也不能过分“夸大”儿童的一些“异常”行为表现。在正常发展的过程中，儿童也可能因为好奇而出现重复某些行为或某些话语，也可能因为性格偏内向而较少和同伴说话、玩耍，所以不必一味将这些表现归结为“自闭症”，而我们所说的自闭谱系障碍的这些表现，通常是因为其持续时间或程度与儿童的年龄或正常发展规律不符，存在质的差异，影响了儿童的社会互动和学习，才会将其判断为发展异常。

2. 自闭谱系障碍的发生率在不断上升吗？

过去这几十年，全球被诊断为自闭谱系障碍的儿童人数显著增加，但是发生率真的在增加吗？自闭谱系障碍的发生率成为自闭症领域的研究热点。

20 世纪六七十年代，自闭症发生率为 4～5‱，至 80 年代已增至 2.5～16‱，90 年代为 5～31‱[①]。而 2020 年美国国家卫生统计中心的报告显示，2016 年美国 8 岁儿童的 ASD 发生率达到了 1/54[②]。表 2-1 是根据美国疾病控制与预防中心公布的 2000～2016 年美国自闭谱系障碍发生率的数据[③]。由表 2-1 可

---

① 劳拉·施赖布曼.(2013)：追寻自闭症的真相(贺荟中等，译).上海：上海人民出版社，p.55.

② National Health Statistics Reports. Estimated Prevalence of Autism and Other Developmental Disabilities Following Questionnaire Changes in the 2014 National Health Interview Survey[EB/OL]. https://www.cdc.gov/nchs/data/nhsr/nhsr087.pdf，2015-11-3.

③ 参考自美国疾病控制与预防中心：https://www.cdc.gov/ncbddd/autism/data.html.

见，美国自闭谱系障碍的发生率呈上升趋势，从 2000 年的 1/150，到 2016 年的 1/54。在性别上，自闭谱系障碍男孩的发生率明显高于女孩，男女比例大约为 4∶1～5∶1①。

表 2-1　美国自闭谱系障碍的发生率
（美国疾病控制与预防中心，2000～2016）

调查年份	发生率（每 1 000 名儿童）	发生率（1/n 名儿童）
2000	6.7	1/150
2002	6.6	1/150
2004	8.0	1/125
2006	9.0	1/110
2008	11.3	1/88
2010	14.7	1/68
2012	14.6	1/68
2014	16.8	1/59
2016	18.5	1/54

2016 年，美国疾病控制与预防中心对 1966～2016 年关于自闭谱系障碍发生率的研究进行梳理②，发现在亚洲、欧洲和北美地区，已经确诊的 ASD 儿童平均发生率在 1%～2%之间。(DSM-Ⅴ)③也提到，近些年自闭谱系障碍的发生率已经接近人

① 五彩鹿自闭症研究院(2017).中国自闭症教育康复行业发展状况报告(Ⅱ).北京：华夏出版社.p.18.

② 参考自美国疾病控制与预防中心：https://www.cdc.gov/ncbddd/autism/documents/asdprevalencedatatable2016.pdf.

③ 美国精神医学学会(2014)：精神障碍诊断与统计手册　案头参考书　第 5 版(张道龙译).北京：北京大学出版社；北京大学医学出版社，p.51.

群的1%，在儿童和成年人样本中的估计值相似。也有研究者提出疑问，究竟是自闭谱系障碍个体确实越来越多呢？还是有一些因素在影响，导致出现更高的发生率？这些因素包括：DSM-Ⅴ诊断标准的扩大（以致阈下案例也被包含进来，比如“疑似自闭症、自闭症倾向”等）、自闭症公众知晓度的增加、研究方法学的差异等。也有研究者对美国2014～2016年的全美健康访问调查（The National Health Interview Survey，NHIS）收集的30 000多名3～17岁儿童的数据进行了分析，得出自闭症的发生率在这三年中，分别是2.24%（2014）、2.41%（2015）和2.76%（2016）。尽管在数据上有少许增长，但是远远低于前70年的增长速度，在统计上没有显著差异，这是否意味着美国自闭症的发生率不再升高？①

中国自闭症研究起步较晚，自1982年陶国泰教授首次报告了4例自闭症以来，尚未开展针对自闭症的全国性流行病学调查，所以我们只能通过部分统计资料和学者研究报告进行说明。

戴淑凤（2008）②在其主编的书籍中提及：1955年11月至1981年6月某医院收住了来自中国各地区的1 190名精神病儿童，其中仅有5例（占0.42%）被诊断为自闭症。2001年，在中国0～6岁六省市残疾儿童的抽样调查中，根据2000年第五次中国人口普查人口数推算，中国约有0～6岁精神残疾儿童10.4

---

① Xu G，Strathearn L，Liu B，Bao W. Prevelance of Autism Spectrum Disorders Among Us Children and Adolescens，2014—2016［J］. 2018，319(1)：81—82.

② 戴淑凤，贾美香，陶国泰.(2008).让孤独症儿童走出孤独.北京：中国妇女出版社，p.5—10.

万，其中自闭症为 10 万。

2006 年全国第二次残疾人抽样调查首次把自闭症正式列入精神类残疾，第二次全国残疾人抽样调查结果表明，中国 0～6 岁精神残疾（含多重残疾）儿童总数约为 11.1 万，其中自闭症导致的精神残疾儿童占到 36.9%，约为 4.1 万。①

2013 年中山大学和广州残联开展一项流行病学调查发现，广州普通幼儿园自闭症发生率为 1/133，而这个发生率调查没有包括散居儿童以及特殊教育机构，因此可以推测实际发生率会更高②。

周浩、王艺（2020）③等学者在上海、北京、广州、成都、重庆、长沙、温州、哈尔滨等 8 个城市进行了中国 ASD 儿童发生率的流行病学调查。经过为期 4 年对 142 086 名 6～12 岁儿童进行的 ASD 患病率调查，获得了中国学龄期儿童的 ASD 患病率为 0.7%（1/142），男女比例为 4.1∶1，男性更为常见。据此估算，中国 6～12 岁儿童中 ASD 的患病人数约为 70～100 万。同时，该研究还发现：在这些确诊的学龄期 ASD 儿童中，50%是首次诊断 ASD，且近 90%新诊断的 ASD 儿童是在普通小学就读。

也有其他研究者依据现有的调查数据作出估计：自闭谱系

---

① 精神病防治康复“十二五”实施方案，http://www.bl.gov.cn/doc/yjbl/shfw/lstd/cjr/kfhl/176869.shtml.

② 五彩鹿儿童行为矫正中心.（2015）.中国自闭症教育康复行业发展状况报告.北京：北京师范大学出版社.p.9.

③ Zhou, H., Xu, X., Yan, W. et al. Prevalence of Autism Spectrum Disorder in China: A Nationwide Multi-center Population-based Study Among Children Aged 6 to 12 Years. Neurosci. Bull.（2020）. https://doi.org/10.1007/s12264-020-00530-6.

障碍发生率大约为1%，也就是说，在中国13亿人口中，至少有超过1 000万的自闭谱系障碍个体，其中0～14岁的儿童数量超过200万，根据中国新生儿的出生率计算，每年将新增自闭谱系障碍儿童数量超过16万①。

知识小卡片 2-1

一起来划重点！

自闭谱系障碍个体越来越多？发生率一直是上升的，目前较权威的数据是1∶68(CDC，2015)，男生多(4∶1～5∶1)。但是也有很多因素影响发生率。

我们急须开展科学的中国自闭谱系障碍发生率研究，知道需要服务的儿童数量，这对于政策上分配资源、专业人员的准备、经费的投入等都是很重要的依据！

---

①　五彩鹿自闭症研究院(2017).中国自闭症教育康复行业发展状况报告(Ⅱ).北京：华夏出版社.p.18.

3. 神经多样性运动是什么？NT 是什么？

近年来，在自闭谱系障碍研究领域，从脑科学、神经生物学、遗传学等视角来寻找自闭谱系障碍“病因”的相关研究获得了很多经费资助，很多研究者都试图通过这样的方式寻找出“治愈”自闭谱系障碍的办法。但是一些自闭谱系障碍人士依照“生物多样性”的概念，自己提出了“神经多样性”。最早提出这一概念的应该是一位澳大利亚社会科学家 Judy Singer，他同时也是自闭谱系障碍者。1998 年 Harvey Blume 在《大西洋月刊》上公开提出“神经多样性”概念，把自闭症者的大脑比作拥有不同控制系统的计算机①。随之，部分高功能自闭症者发起了“神经多样性”运动（又称为自闭症权益运动），他们把自闭症归类为“非典型神经发育”，将普通人称为“典型神经发育者”（简称 NT）。

自闭症权益运动或神经多样性运动的拥护者们质疑并挑战

---

① Blume, Harvey (1998). “Neurodiversity”. *The Atlantic*. Retrieved November 7, 2007.

医学模式，他们认为自闭症是遗传的，应该被接受为是人类基因组的自然表达，也就是说他们认为自闭症是一种“自我认同”的组成部分，越是认同神经多样性，越是可以接纳甚至庆祝“自闭症”的存在，而不是寻找原因或者寻找治愈之道。他们甚至会担心“寻求病因为导向”的研究可能最终会发展为通过基因预防来根治自闭症（他们不希望自己的“身份认同”——自闭症被根治）；同时，他们也认为现有的资源倾斜给“病因导向的研究”，会使得“现有的患者”失去应有的资源。从神经多样性的观点中，其实可以看到是障碍的“社会模式”，即不认为自闭症或者障碍仅是一种生物学导致的问题，而是认为是社会和政治的各种环境，包括基础设施等存在障碍，导致个体无法实现相应的权利。社会模式不认为自闭症由生物因素导致，应该将其视作是人类多样性的一种去接纳，去消除对于自闭谱系障碍的一些消极的观念，提高社会相应的支持和服务①。

神经多样性运动这个概念是相当有争议性的。很多学者认为承认并接纳神经多样性应该说是社会的进步，比如苏雪云等(2014)②提出：神经多样性的观点会更多地呼吁大家促进自闭谱系障碍个体的主体健康和适应性的功能，这一观点也反映在教育干预上，比如沟通方面，不一定要求自闭谱系障碍个体会开口说话，而是可以采用辅助或者替代性的方式进行沟通；行为方面，反对消除那些异常的但是没有伤害性的行为，比如避免目光对视或者重复性的身体动作，因为基于神经多样性观点，这些行

①② 苏雪云，王小慧.(2014).从脑科学到社会融合——自闭谱系障碍干预面临的困境和意义.*教育生物学杂志*(3)，184—188.

为在不同的情境下可能是某种适应机制。神经多样性的观点更倾向于使用改善“自闭症”这个概念，而不是消除或者治愈这一障碍。需要一种更全面的视角来看待这一障碍，要考虑到环境的支持因素，看到自闭谱系障碍的积极方面，重新审视原来认为的消极“缺陷”，把自闭谱系障碍视作是一种“差异”，基于人类神经的多样性而存在的差异，从社会的角度来反思和努力，为他们提供一个更适应他们存在的文化和环境。

但是，极端的神经多样性运动的拥护者们似乎过于偏执，他们认为存在即合理，他们认为就应该维持自闭症的原貌，所以他们几乎反对一切干预、一切治疗，应用行为分析（ABA）是他们最为抨击的。

知识小卡片 3-1

一起来划重点！

神经多样性运动，是自闭症个体发出的声音，将自闭症归类为“非典型神经发育”，将普通人称为“典型神经发育者”（简称NT）。自闭症权益运动或神经多样性运动的拥护者们质疑并挑战医学模式。

从社会和多样性视角，来重新审视自闭症，是一个很好的思路，除了“干预”自闭症个体，我们也需要建构一个接纳多元的文化和环境！

NT和自闭症个体本质上都是一样的，都是追求被尊重、被接纳的人类成员！

4. 自闭谱系障碍会遗传吗？

尽管自闭谱系障碍的病因目前尚未有统一的定论，但比较肯定的是它与遗传、神经生理因素、生化因素、心理因素和环境因素都有一定的关系，是一种源于婴儿期的广泛发展障碍性疾病。通过认知神经、大脑机制、环境和遗传方面的病因及病理机制研究，得出了一些较为一致的结论（见表 4-1）。

表 4-1　自闭谱系障碍的病因研究

遗传学和病理学等因素	有关自闭症的双生子研究、家系研究、细胞遗传学及分子遗传学等的研究表明，遗传在自闭症病因中起重要作用。自闭症有很强的遗传基础，自闭症的遗传学非常复杂，目前还不清楚是否受罕见基因突变的重大影响，或常见基因变异、罕见的多基因相互作用等原因。根据约翰斯·霍普金斯医学院的克雷奇·纽斯沙费尔(Craig Newschaffer)估计，60%～90%的自闭症案例都是因遗传导致。阿尔伯特·爱因斯坦医学院的伊莎贝尔·拉潘(lsabel Rapin)博士及其同事对 1961～2003 年期间发表的论文进行了回顾。他们得出的结论是，多种基因之间的互动可以解释自闭症具有多样化的特点。针对许多自闭症儿童的家庭的基因组扫描结果显示，至少十个基因参与其中。他们也发现，生下第二个自闭症孩子的可能性是 2%～8%。研究者证实，以前的研究也表明，自闭症儿童的亲属往往表现出一些类似自闭症的轻微症状。天宝·葛兰汀也提及：如果父母双方及他们的原生

(续表)

遗传学和病理学等因素	家庭有许多自闭症特征，那么生下一个典型自闭症的可能性就会提高。① 此外，双生子研究显示，同卵双生子的自闭症共患病率高达61%～90%，而异卵双生子则未见明显的共患病情况。兄弟姊妹之间的再患病率，估计在4.5%左右。这些现象提示自闭症存在遗传倾向性。也有研究显示，自闭谱系障碍与某些染色体异常有关。 最近的研究还表明，随着受精时父亲年龄增加，儿童有自闭谱系障碍的风险增加。研究发现老年男性的精子细胞中有更多自发的突变(它们不一定是从父母那里继承的，也可能来自祖父代，但它们可以被传递至下一代)。精子细胞的基因突变会传递给后代，因此父亲年纪较大，孩子有自闭谱系障碍的风险增加，同时他的孩子也可以通过相同的突变对自己的孩子产生同样的影响。②
神经因素	国外有几项自闭症神经系统疾病的研究发现，30%～75%的自闭症儿童有多种神经系统异常的体征，这是基层神经节功能失调的征象。③ 科学家在对自闭症的遗传分析中发现，许多突触蛋白的编码基因发生了突变。突触(synapse)是大脑的基本组成单元，是神经细胞之间进行通讯的基本单位。突触中有许多蛋白质有重要功能，突触本身具有可塑性，即对突触进行一系列的刺激后，突触会更容易被激活或更容易被抑制。这种可塑性很可能是大脑进行学习记忆和情绪反应等认知功能的神经生物学基础。 此外，自闭症的发生可能与神经系统中枢递质的功能失调有关。脑功能研究发现，一种镜像神经元(mirror neuron)的缺失或发育不良也可能是造成自闭症模仿和学习低能的原因。最近，美国又提出了“神经细胞线粒体损伤”学说。

① 天宝·葛林汀(2013)：用图像思考：与孤独症共生(范玮译).北京：华夏出版社，p.42.

② 苏雪云，王小慧.(2014).从脑科学到社会融合——自闭谱系障碍干预面临的困境和意义.教育生物学杂志(3)，pp.184—188.

③ 戴淑凤，贾美香，陶国泰.(2008).让孤独症儿童走出孤独.北京：中国妇女出版社，p.20.

（续表）

环境因素	科学家使用术语“环境因素”来指代除了“遗传基因”以外的各种风险因素。包括某些食物、传染性疾病、重金属、溶剂、柴油车尾气、农药、非法药物和产前应激等有可以会对儿童的脑部发育造成一定的影响。现有的研究已经证明，最明显增加自闭症风险的“环境因素”为孕妇感染炎症，分娩并发症和受孕时父母年龄过大，另外同时体重超标且患有糖尿病的怀孕妇女也使孩子的自闭症风险大增。

除此之外，关于自闭谱系障碍的遗传影响，埃里克·J.马什等著的《异常儿童心理》[①]从染色体和基因障碍、家庭和双生子研究、分子基因三个方面进行了详细介绍。

(1) 染色体和基因障碍

大约2%～3%的自闭症儿童患有脆性X染色体异常。总体而言，自闭症个体患有染色体异常的机率更高，大约占5%。但是，这些异常本身并不是导致自闭症的特定基因点，因为自闭症与很多条不同的染色体异常有关。自闭症也与结节性脑硬化(tuberous sclerosis)有关，后者是一种罕见的单基因障碍，该障碍的表现形式范围很广，从轻度到重度，而且可能包括神经缺陷、痉挛和学习障碍。大部分的案例都是由于突变造成的，没有家族史。大约25%或者更多的患有结节性脑硬化的儿童也患有自闭症，这使得自闭症和结节性脑硬化的关联度要高于其他各种基因问题。尽管背后的机制还不清楚，但是我们知道，结节性脑硬化基因在大脑神经发展的关键时期出现变异，很可能就是导致自闭症形成的关键因素。

---

① 埃里克·J.马什等著(2009)：异常儿童心理(徐浙宁，苏雪云译).上海：上海人民出版社，pp.374—375.

(2) 家庭和双生子研究

家庭研究表明大约3%～7%的自闭症个体，其家庭中的兄弟姐妹或其他家庭成员也患有自闭症。自闭症在同一个家庭出现两次的机率是仅出现一次的机率的50～100倍。双生子研究的结果表明：同卵双生子同时患自闭症的比率是60%～90%，而异卵双生子的比率接近零。这两个研究的结果表明，自闭症有超过90%的可能是遗传导致的。自闭症儿童的家庭成员也表现出更高比率的社会和语言缺陷，以及类似自闭症的异常的人格特征，但是没有那么严重，包括社会性怪癖，比如孤僻、不会为人处世、刻板；语言的语用问题，比如过度健谈或者不善社交；口语理解能力差。但有这些特征的家庭成员不会表现出被正式诊断为自闭症的个体会伴随的一些问题，如异常的语言（如回声性语言）、极端刻板性的重复行为、智力落后或癫痫。

(3) 分子基因

最新的研究运用分子基因技术已经定位了很多不同的染色体的特定区域，特别是第2、7、13、15号染色体，这些可能是与自闭症相关的基因，但是还没有发现精确的可疑基因（国际自闭症分子基因研究会，1998）。可疑基因可能会对自闭症的发生有一定的责任，但不是直接导致自闭症的因素。但自闭症更可能是由多个不同基因的相互作用导致的，而不是某个单一的基因导致的。

从20世纪70年代开始，自闭谱系障碍的病因研究多围绕遗传方面。但是，遗传无法完全控制大脑发展。为了全面理解自闭症的遗传问题，尚需要多年的研究。我们必须清楚地认识到，最终发现的自闭症成因不会是单一的一种，而是对于这种复杂障碍发展过程中多重及复杂成因的详细信息。而且不可忽视的是，一个人会成为什么样子，遗传、环境、教育等要素的相互作用将决定最终的结果。

5. 自闭谱系障碍可以被治愈吗?

有许多家长都很关心自闭谱系障碍是否可以被治愈，但我们要明白一个前提:认为自闭谱系障碍可以治愈，那么就必须首先承认自闭谱系障碍是一种疾病，它有病因，可以“对症下药”。可是从 1943 年医学界正式把该疾病命名为自闭症以来，其一直都是世界医学界的难题，病因始终未找到。没有病因，谈何“对症下药”？谈何“治愈”？可是有些研究者和医生也开始注意到少数自闭谱系障碍儿童似乎随着年龄成长已经不再符合他们当初的诊断。经过教育干预，可能还有目前医学不能解释的其他一些原因，有一部分的孩子已经够不上典型自闭症，或者自闭谱系障碍的诊断标准了，也就是说他们可以“摘帽”了，这又是为什么呢?

简单来说，诊断自闭谱系障碍有两个标准:第一，有社交沟通障碍;第二，有狭隘的兴趣、重复刻板行为。但还有一个必要条件:这些障碍严重影响了孩子的社会适应、学习和生活。在实际工作中，有些孩子也有社交沟通障碍、狭隘的兴趣和重复刻板的行为，按理说符合诊断标准，但如果它并没有对孩子的社会适应和学习、生活造成影响，那么医生一般情况下是不会给他下自闭谱系障碍的诊断。因此，如果孩子经过干预，已经不符合诊断标准、不影响其社会功能时，医生则会认为这个孩子可以"摘帽"了。

1987 年 Lovaas 是第一个将"复原力"（recovery）一词用于自闭症儿童的学者，他主张使用长期密集的应用行为分析法（ABA）治疗自闭症学龄前儿童，到上小学时，47％的儿童智力正常可以进入普通班级，他称这一群自闭症儿童复原了①。可是之后很多研究者都无法复制出这么好的结果，因此也让很多人质疑复原的个案是不是被误诊了。

Deborah Fein（2013）和她的团队在康涅狄格大学研究了 34 名曾在早期被诊断出患有自闭症的儿童，但在上学以后却表现出跟同班的其他孩子没有什么不同②。但遗憾的是本研究并没有告诉我们更多关于自闭症本质和治疗的角色以及其他因素对这些儿童的长期结果的影响。

美国疾病防控中心（CDC）调查了 1 420 个自闭谱系障碍儿童——这是迄今为止全美最大的、最具代表性的自闭症儿童的样本，研究发现其中 13.1％的孩子似乎随着他们的成长而没有了与自闭谱系障碍相关的行为。但这并不意味着他们碰巧得到了某种神奇疗法。相反，正如一些研究人员先前所推测的那样，

---

① Lovaas, I. O. (1987). Behavioral treatment and normal educational and intellectual functioning in young autistic children. *Journal of Consulting and Clinical Psychology*, 55, 3—9.

② Fein, D., Barton, M., Eigsti, I., Kelley, E., Naigles, L., Schultz, R. T., ... Tyson, K. (2013). Optimal outcome in individuals with a history of autism. *Journal of Child Psychology and Psychiatry*, *54*(2), 195—205. doi:10.1111/jcpp.1203.

其中大多数只是出于误诊或其他缘由而被诊断为自闭谱系障碍。这项研究还对“摘帽”的诊断进行了调查，那些最有可能随着成长而“摘帽”的是智商高（超过70）、参加过早期干预和强化治疗的儿童。并且自闭谱系障碍中的某些亚型的儿童，如阿斯伯格综合征和待分类广泛性发展障碍（PDD-NOS），也有更大可能去除他们原有的诊断。在那些摘掉了自闭谱系障碍诊断的儿童的家长中，73.5%的人认为是因为他们得到了新的诊断，比如注意缺陷/多动障碍（46%）、焦虑问题（17%）、抑郁（12%）、学习障碍（7%）、行为问题（9%）或感官或听觉处理障碍（23%）。21%的家长认为他们的孩子的确随着成长超越了障碍或受到了有效的干预。2%的人认为只是由于他们医生的误诊。该调查也强调：这些数据并非表明误诊率越来越高，而是随着大众对自闭症的认识和意识增强和推行更多的筛查方法，有可能导致某些医生过早或不准确地诊断自闭谱系障碍，尤其是那些对这种障碍缺乏专业经验的医生。①

上述的研究大多以不符合ASD诊断标准为“摘帽”的依据，可是不符合诊断标准不等于完全“治愈”，很多已经“摘帽”的孩子仍然需要支持。2015年美国有研究指出②，大约每14名被诊断为自闭谱系障碍的幼儿就有一人在小学时不再符合诊断标

---

① Blumberg, S. J., Zablotsky, B., Avila, R. M., Colpe, L. J., Pringle, B. A., & Kogan, M. D. (2016). Diagnosis lost: Differences between children who had and who currently have an autism spectrum disorder diagnosis. *Autism*, *20*(7), 783—795.

② 参考自：http://www.aappublications.org/content/early/2015/04/26/aapnews.20150426-2.

准，可当早期自闭谱系障碍诊断消失时，其他的学习及情绪/行为的诊断却仍然存在，仍需要教育支持。

但科学系统持续的早期干预和家长的参与，对于自闭谱系障碍儿童的社会适应的发展作用是得到众多验证的，确实也有不少个案在经过早期干预后，得到了“最佳发展后果”，在普通学校就读，并且无须密集的特殊教育服务。

6. 自闭谱系障碍常见的共病有哪些?

自闭谱系障碍诊断标准与分类的争议点之一是围绕自闭谱系障碍的共病问题,即在同一时间表现出多种症状。

在 DSM-Ⅴ中有对自闭谱系障碍的共病进行说明[①]:自闭谱系障碍常常与智力损害和结构性语言障碍有关(即不能使用恰当的语法理解和构建句子)。许多自闭谱系障碍个体存在不构成该障碍诊断标准的精神疾病症状,大约有 70%的自闭谱系障碍个体可能有一种共病的精神障碍,40%可能有两种或多种共病的精神障碍。有的孩子可能同时满足注意缺陷/多动障碍和自闭谱系障碍两种诊断标准。也有自闭谱系障碍孩子可能会同时存在发育性协调障碍、焦虑障碍、抑郁障碍的诊断及其他共病。在那些无口语或有语言障碍的个体中,如果观察到例如睡眠或进食的改变和挑战性行为增加的迹象,应进行焦虑或抑郁的评估。自闭谱系障碍个体中特定的学习困难(识字和识数)很

① 美国精神医学学会(2014):精神障碍诊断与统计手册 案头参考书 第 5 版(张道龙译).北京:北京大学出版社;北京大学医学出版社,pp.54—55.

常见。与自闭谱系障碍有关的常见的躯体疾病包括癫痫、睡眠问题和便秘。回避性/限制性摄食障碍是自闭谱系障碍个体中相当常见的特征，并且可能持续存在极端和有限的食物偏好。

综合多项研究来看①，自闭谱系障碍的共病可能包括以下几种：

（1）注意缺陷/多动障碍（ADHD）

注意缺陷/多动障碍是儿童期常见的一类心理行为障碍。其亚型包括注意缺陷型、多动冲动型（多动症）和联合型。主要表现为注意力不集中和注意时间短暂、活动过度和冲动。ADHD是ASD儿童最常见的共患病之一，共患率在40%～70%。

（2）智力障碍

智力障碍是自闭症最主要的共病，不少教科书的数据是：约75%的自闭症会伴随智力障碍，但新的研究也发现，大部分伴有智力障碍的自闭症儿童的智力障碍是轻度的（但由于传统的智力测验标准的局限，自闭症儿童的智商分数不一定能完全反映智力水平）。针对学前阶段自闭症儿童进行调查，发现有下降至25%～50%的趋势，原因可能是预防医学的发展及早期干预的作用。

（3）言语障碍

自闭症儿童通常有言语障碍，表现为语言使用形式和内容

---

① 鲁明辉，缪玉，& 杨广学.（2015）.自闭谱系障碍共病研究现状与启示.*现代特殊教育*（2），pp.34—40.

王艺（2016）.儿童孤独症谱系障碍的常见共患病.文汇报，第6版.

张世彗，蓝玮琛（2014）.特殊教育学生评量.台北：心理出版社.

苏雪云（2014）.如何理解自闭谱系障碍和早期干预.北京：北京大学出版社，pp.22—23.

与典型发展儿童有本质区别。国内有学者发现自闭症儿童首诊主诉通常以言语障碍为主，约占 84%。国外相关的研究表明，25%～50%的典型自闭症儿童终身有失语症状或只能说极为有限的单词。

(4) 情感和行为障碍

在 ASD 儿童中常存在各种情感和行为障碍，焦虑是普遍存在的。有数据显示 11%～84%的 ASD 儿童存在焦虑症状。而高功能自闭症和阿斯伯格综合征具有焦虑情绪问题的高风险。除焦虑外，还常伴有过度恐惧、惊吓、痴迷和强迫行为，对危险的感知缺乏或过度反应，对疼痛不敏感或缺乏，而对触觉或声音过度敏感，易发脾气，有攻击性行为和自我伤害行为(如撞头、自己咬自己)等一种或多种行为障碍。

(5) 癫痫

癫痫与自闭症的关联最早见于 1943 年 Kanner 的描述。在临床上发现，伴随癫痫的自闭症儿童人数约在三分之一。也有学者指出 ASD 儿童伴有癫痫发作的发生率在 13%～30%之间。通常情况下自闭谱系障碍儿童的智力障碍越严重，伴有癫痫的可能性越大。尽管癫痫在儿童生命的早期也会间或发生，但第一次发作通常是在自闭谱系障碍儿童青少年时期甚至是成年时期。进行癫痫治疗非常重要，因为癫痫活动会影响大脑的功能和发展。

(6) 睡眠及饮食障碍

约有 50%或更高比例的自闭症儿童与青少年有睡眠问题。睡眠障碍可加重自闭谱系障碍儿童的社交困难、刻板行为、认知行为障碍的症状，引起家长焦虑、抑郁，睡眠问题对自闭谱系障碍儿童及家长的影响，甚至可能超过自闭谱系障碍本身的社交缺陷所带来的影响。饮食问题在自闭谱系障碍儿童中也很普遍。刊登在美国儿科协会杂志上的研究发现，自闭谱系障碍儿童通常在婴儿期就开始有饮食障碍。

除了上述共病之外，自闭谱系障碍儿童还伴随着其他共患病，如强迫症、精神发育迟滞、运动协调障碍、胃肠道功能紊乱、免疫功能紊乱等。由于各种共病的存在，使得自闭谱系障碍儿童的临床表现更加复杂，从而使得自闭谱系障碍诊断和干预更加困难。因此，充分认识并重视自闭谱系障碍儿童的共患病具有非常重要的意义。

7. 自闭谱系障碍儿童需要吃药吗？

研究者和医学专家一直试图寻找一种有效、安全且可接受的医学和生物医学治疗方法来“治愈”自闭谱系障碍。自闭谱系障碍儿童的家长们也非常希望能研发出可以改善自闭谱系障碍症状的有效药物。但目前通过美国食品和药物管理局（FDA）审核的只有两种药物——利培酮（risperidone）和阿立哌唑（aripiprazole）。这两种药物主要作用是缓解患者的焦虑，对自闭谱系障碍的核心障碍即社会交往沟通障碍、狭隘兴趣和重复刻板行为没有效果。可以说，当前没有治愈自闭谱系障碍的药物。

有些研究者基于神经递质的研究采用一些降低血液中5-羟色胺水平的药物（如芬氟苯拉明）来进行治疗。虽然此类药物能增加自闭谱系障碍儿童目光接触、社会知觉和对学习任务的注意维持，提高IQ测验分数，减少多动或重复行为，改善睡眠状态等，但是这类药物在儿童的交往行为方面没有明显的作用。①

① 陈顺森，白学军，张日昇，自闭谱系障碍的症状、诊断与干预.心理科学进展.2011，19(1)，60—72.

同时，这类药物还存在一些副作用，如易怒、嗜睡、不自主地挥手和食欲减退等①。并且，如果药物治疗使用不当（如长时间大剂量用药、中间没有间歇等），还可能会带来一些其他的副作用，如停药时出现反弹，使行为症状变得更加严重。②

有的研究者将催产素运用于自闭症的临床治疗当中，目前，催产素对自闭症的治疗已经有许多的临床实验。有几个临床试验已经表明孩子的重复性行为，面部表情的解读能力和社交互动能力得到提高。但也有的临床试验结果表明孩子的社交认知能力并没有得到提高。可以说，催产素在治疗自闭症中的应用现在还处于非常早期的试验阶段。催产素看似是比较有前景的药物，但是否可以在ASD儿童身上广泛使用，还需更多的追踪和研究。

由于自闭谱系障碍病因复杂，且个体差异较大，迄今为止还没有特效药物出现。国际研究普遍认为，治疗的关键在于通过特殊教育训练和行为干预，提高自闭谱系障碍个体在日常生活中自理、认知、社会交往及适应社会的能力。由于自闭谱系障碍的表现非常复杂，因此对自闭谱系障碍个体的教育、康复、干预方案，要建立在对自闭谱系障碍个体的心理发育水平和行为、需要、社会适应能力进行全面评估的基础上，采用适合于自闭谱系障碍个体的个性化的教育手段、康复计划或干预策略，进行长期、系统的教育、康复训练。目前，药物治疗也是用于教育康复的辅助手段。

---

① 傅宏.孤独症病因模式与治疗选择，中国特殊教育.2001(2).41—44.

② 苏雪云(2014).如何理解自闭谱系障碍和早期干预.北京：北京大学出版社，pp.17—19.

自闭谱系障碍儿童可能伴随出现睡眠障碍、异食癖、癫痫、肠胃功能障碍等共病，为了减少这些共病对儿童日常生活的影响，可以通过服用一些针对性的药物进行调整，包括改善自伤、易激惹和攻击行为的利培酮、用于改善注意缺陷/多动症状的中枢神经兴奋药物、用于癫痫发作的抗癫痫药物等，但服药必须要经过专业医生的评估和诊断，严格遵守医嘱，不得擅自改变剂量或者停药等。

近些年，中医疗法、饮食疗法等也逐渐受到家长的关注，在这里也进行较为简略的介绍。中医认为自闭谱系障碍病位在脑，同心、肝、肾三脏有密切联系①，认为先天不足、肾精亏虚、神失所养、心窍不通，肝失条达、升发不利是自闭谱系障碍的主要病机；在治疗方面，主要有中药治疗、针刺治疗等治疗手段。也有一些治疗报告在提高自闭谱系障儿童的认知及语言功能方面取得一定的疗效②，但需要配合科学的行为干预等，才可能从整体上改善儿童的临床效果。此外，也有学者认为由于中药相对于西药有较小的副作用，所以提出可以交替服用促进发育、调理睡眠的中药辅助康复治疗。但中医疗法对于自闭谱系障碍的核心缺陷的治疗作用还需要更进一步的检测和研究。

目前尚未有报告提出哪种食物对于自闭谱系障碍的康复有较为明显的效果，但值得家长注意的是，通常自闭谱系障碍儿童伴有挑食、偏食的情况，家长需要注重饮食的调整以便儿童能够有更为均衡、全面的营养摄入。

---

① 李诺，刘振寰.中医对自闭症的认识及治疗现状，中国中西医结合儿科学.2009，1(2)，150—152.

② 陈顺森，自学军，张日昇.自闭谱系障碍的症状、诊断与干预.心理科学进展.2011，19(1)，60—72.

8. 自闭谱系障碍儿童需要“禁食”吗？(肠道、饮食问题)

不少自闭谱系障碍儿童的家长会报告：他们的儿童会出现腹痛、腹泻、胀气和便秘等状况。父母们报告的最普遍的是腹泻和便秘，这两种症状可能会在儿童身上轮流出现。尽管这些问题在所有儿童中都非常普遍，也有研究证据表明它们在自闭谱系障碍儿童身上出现得更频繁。这些肠胃问题引起疼痛和不舒服，比如睡眠问题，会导致儿童的问题行为和注意困难，这些问题行为和注意困难又会导致儿童难以在教育干预项目中完全获益。①

同时由于自闭谱系障碍儿童的沟通障碍，使之很难表述清楚自己的身体状况，因此很难知道儿童是否正在经历腹痛或其他疼痛。要留意儿童的突发改变的行为，大哭或悲鸣、自伤行为、捂住胃，以及其他非言语的疼痛指示。如果家长对此怀疑，

---

① 苏雪云(2014).如何理解自闭谱系障碍和早期干预.北京：北京大学出版社，p.21.

应将其带到医院就诊。肠胃问题是可治疗的。依据肠胃问题的种类和严重程度，治疗主要包括干预饮食、补充营养和药物治疗。尽管目前没有科学研究证明特殊饮食（包括消除酪蛋白和谷蛋白）能改善自闭谱系障碍儿童的行为，但有些个案里，一些家长报告说这些饮食对他们的孩子有较大的帮助，包括提高注意力、减少问题行为等。

在第 6 问，有提及饮食问题在自闭谱系障碍儿童中也很普遍，而且自闭谱系障碍儿童通常在婴儿期就开始有饮食障碍。举例来说，他们在日后比典型发展儿童更早开始吃固体食物。1 岁的时候，自闭谱系障碍儿童更可能被描述为“难喂养”和“很挑剔”。幼儿期，自闭谱系障碍儿童吃的食物种类很少。而且有研究发现自闭谱系障碍儿童有时会营养不良，这也许是因为他们挑食或有特殊的饮食习惯。

如果儿童有肠胃和饮食问题，家长可以这样做：

(1) 观察儿童的行为和饮食习惯。

(2) 咨询营养师，帮助儿童吃得更好或者确保儿童获得必需的营养。

(3) 结合行为干预帮助儿童形成科学规律的饮食习惯，包括定时吃饭、饮食的一些规范等。①

谈及饮食，这些年有一些饮食疗法在自闭谱系障碍孩子的家长圈中风靡，比如营养疗法、禁食疗法。它们主张自闭症是由消化系统的问题引出的，比如自闭症是因为对某些食物过敏而

---

① 苏雪云(2014).如何理解自闭谱系障碍和早期干预.北京：北京大学出版社，p.22—23.

引起的,凡是有这样主张的疗法我们认为它没有充分的科学依据,很可能会浪费时间和资源。美国国家自闭症中心于 2015 年发布了“国家标准计划(第二版)”(National Standard Project 2, NSP2),将自闭谱系障碍的干预方法划分为:已建立实证的干预方法、尚在论证的干预方法、无实证依据的干预方法。而禁食疗法,或称无麸质/酪蛋白食疗(Gluten-free/Casein-free diet)被归为第三类的方法——无实证依据的干预方法。尽管在临床报告中确实有父母报告孩子食用糖类物质后就显兴奋,或者检测到对于蛋白类物质有过敏现象,但这里有一个需要区别的因果关系。即典型发展儿童也存在耐糖和耐蛋白的异常,这种异常非自闭症的特有现象,也就是说不是代谢异常产生了自闭症,而是自闭症儿童中代谢异常比例偏高,但绝对不是全部。在临床处理上,是否要使用禁食疗法必须先去医院获得检查和医生建议,切不可听信传闻随意给孩子禁食,儿童正处于大脑和生理发育快速期,随意禁食很有可能引起营养不良甚至脑萎缩等严重问题。

9. 自闭谱系障碍儿童的睡眠问题怎么应对？

第6问中有提及睡眠问题在自闭谱系障碍儿童中非常普遍。事实上，据估计超过一半的自闭谱系障碍儿童有至少一种频繁发生的睡眠问题。这意味着超过一半的自闭谱系障碍儿童有睡眠困扰。父母报告的睡眠问题主要有入睡推迟、梦游、早醒、阻塞性睡眠呼吸暂停（睡觉时呼吸沉重）和睡眠需要减少。

研究已显示儿童的睡眠困扰（包括自闭谱系障碍儿童）与注意不良、记忆困难以及行为问题（比如易怒和攻击行为）相关。自闭谱系障碍儿童父母报告的儿童睡眠问题中最普遍的是失眠。当睡眠问题严重困扰儿童的时候，建议就医，必要的时候遵医嘱，服用褪黑素等来辅助睡眠。

但研究发现，先进行环境调节和行为管理，也有助于睡眠问题的缓解。以下是一些具体的建议：

（1）可以从温度、亮度、床垫、毯子的质地等方面为儿童提供舒适的睡觉环境。

（2）提供一个相对黑暗的睡觉环境，因为即使很弱的亮光也会影响N-乙酰-5-甲氧基色胺的分泌（如果需要的话一盏夜灯是可以的）。

（3）形成一个固定的睡觉时间表，包括定时打盹、睡觉和醒来。一般来说，在平时和周末就寝时间和睡醒时间也不应相差超过一小时。

（4）细心地计划就寝活动能帮助儿童在睡前冷静下来，在睡觉前避免新的和意外的活动。避免过度的噪音、过度活跃的游戏和大量的食物。洗澡、唱首摇篮曲、拿出熟悉的玩具或毯子以及一起看书等通常都能让儿童冷静下来。另外一些让其冷静的活动包括轻轻按摩和听轻音乐。

（5）儿童房里不要放电视，不要通过放电影、电视的方式来帮助儿童入睡。

（6）如果儿童有睡眠困难，家长还是需要带儿童去咨询专业医生，同时结合行为干预来帮助儿童。[①]

除此之外，有学者提出可通过药物治疗改善自闭谱系障碍儿童的睡眠障碍。其中，褪黑激素作为药物治疗自闭谱系障碍儿童的睡眠问题效果显著，通常在行为干预效果不理想时使用，但疗程不宜过长[②]，除非必要，否则不建议使用。

---

① 苏雪云(2014).如何理解自闭谱系障碍和早期干预.北京：北京大学出版社，p.20—21.

② 吴梓梁(2003).小儿内科学(下册).河南：郑州大学出版社，p.2348.

10. 自闭谱系障碍儿童成年后的生活是什么样子的?

当孩子确诊为自闭谱系障碍后,家长们都会面对一个问题——孩子们成人之后怎么办?

完整的人,首先应有基本的生活技能,其次有工作,然后有一个良好的生活条件,再次是身体健康(包括心理健康),最后是有朋友和成就感。这与马斯洛的需求层次理论也有相似之处。接下来将会从升学、就业、生活、身心健康、高中职阶段的转衔这五个方面介绍 ASD 成人的情况。

(1) 升学

在中国大陆地区,高中升大学主要是通过高考这一渠道,这也就意味着对学生的认知水平是有要求的。因而对于伴随智力障碍的 ASD 孩子而言,升学是一项非常大的挑战。虽然没有官方数据表明在高校中有多少 ASD 的学生,但普遍认为即使有 ASD 的学生,他们更大的可能会是阿斯伯格而非典型自闭症,当然不排除有通过特长招生进入高校的可能性。

在中国台湾地区,进入大学的渠道相对较多,即使是智力障碍者也能进入高校。加上政策上对提供特殊教育服务的高校非常支持，会提供给这些高校一定的经费补贴，而私立大学近些年生源不足，出于生源和经费支持的考虑，私立大学对身障者来者不拒，因此会有 ASD 的孩子进入大学。

在进入大学这一点上，ASD 孩子的家长应理性考虑，毕竟不是所有的自闭谱系障碍孩子都适合上大学。而且进入大学阶段学习，也不意味着自闭谱系障碍个体就不再需要支持，他们在社交和学业上还是需要系统的支持和服务，以帮助他们顺利完成学业。

（2）就业

2013 年中国发布的《中国自闭症人士及其服务现状调查（华南地区）》数据显示，超过 94%的家长非常忧虑孩子将来的生活、就业及安置问题①。

近几年，在中国大陆地区，也有不少人针对 ASD 成人就业做了尝试。譬如，《上海观察》报社和上海图书馆曾共同推动，实现了沪上自闭症者就业零的突破。在成都，在 2014 年成立的某助残中心的帮助下，有十多位 ASD 成人在咖啡馆、洗车场、超市接受培训，期望实现就业。2012 年，温洪、邹文等 5 位自闭症孩子的妈妈共同创办了民间公益组织“康纳洲”，向大龄自闭症个体提供烘焙烹饪、电脑录入以及手工等职业培训，通过就业融入社会，实现自力更生。2017 年，SAP（全球最大的企业管理和协同化商务解决方案供应商）通过自闭症人才项目（Autism at

① 深圳市自闭症研究会.(2013).中国自闭症人士服务现状调查：华南地区.北京：华夏出版社.

Work，AaW）招募到了中国大陆的第一位自闭症员工，并且“SAP 自闭症人才就业先备技能学校”项目已于 2019 年 4 月 2 日正式启动，为那些需要走上社会、准备就业的自闭症人士提供具有系统性、专业性和相关性的先备课程及辅导。总的来看，在各级政府组织、民办机构、学校和家长们的积极探索下，中国自闭者个体的就业机遇不断增多，要么是进入普通职场实现支持性就业，要么是在高支持度下进行庇护性就业，要么是在家长支持下自主创业（如：组建艺术团表演）。但实际上，推动自闭症个体就业仍然任重而道远，社会各方力量对自闭症个体的后续支持还非常有限，这条路还需要大家共同努力。我们可以看看美国和中国台湾地区是怎么做的。

美国德雷塞尔大学在 2016 年 5 月发布了第一份关注自闭症人士就业支持与职业康复的综合报告①，讲述了目前美国职业康复（VR）服务的情况。该报告里提到：大约在每 10 名自闭症青年中就有 4 名自他们高中毕业后到 20 岁出头的时间里从未参加过工作。其中，28％的人从未接受过任何就业服务。既然有那么多的 ASD 成人面临就业问题，那职业康复究竟起到什么作用呢？职业康复基金是美国残疾人就业服务的最大支持资金。如果一个人的障碍显著影响了他获得并保持工作的能力，VR 将提供经费，为其提供个性化的就业支持服务。这些服务可以作为高中毕业的学生投入到工作和成人世界的桥梁，同时

---

① Roux，Anne M.，Rast，Jessica E.，Anderson，K.A.，and Shattuck，Paul T. *National Autism Indicators Report：Vocational Rehabilitation*. Philadelphia，PA：Life Course Outcomes Research Program，A.J. Drexel Autism Institute，Drexel University，2016.

也给工作年龄的成年人提供支持。而自闭症人士可以通过 VR 获得与求职、职业培训、自主生活和成人支持相关的服务。目前，大约有 60%的自闭症人士经过 VR 得到稳定工作而离开，这个比例与智障或其他障碍类型的人士大约相同。大约 80%的自闭症人士得到兼职工作，平均每周收入为＄160。大约三分之一的自闭症人士正在进行支持性就业。

在中国台湾地区，将自闭谱系障碍纳入身心障碍，劳工主管机构对身障者的就业支持主要是庇护性就业和支持性就业。庇护性就业是指针对年满 15 岁具有就业意愿，而就业能力不足，无法进入竞争性就业市场，须长期就业支持之身心障碍者，应依据职业辅导评量结果，提供庇护商店、庇护农场、庇护工场等就业安置。至 2016 年 6 月，台湾地区共有 132 家庇护工场。支持性就业是指各级劳工主管机关对于具有就业意愿及就业能力，而不足以独立在竞争性就业市场工作之身心障碍者，应依其工作能力，提供个别化就业安置、训练及其他工作协助等支持性就业服务。①总体来说，从行业来看，ASD 并伴随智力障碍的人士从事的行业以住宿及餐饮业（15.5%）、医疗保健及社会工作服务业（15%）、制造业（14.9%）为主。从职业来看，ASD 并伴随智力障碍的人士从事基层技术工及劳力工（42.9%）最多，其次是一般事务人员（32.1%）。从薪资来看，他们整体平均每月薪资为 13 316 台币（约合人民币 3 000 元）。②

除此之外，Mark R. Klinger 博士在 2015 年 IMFAR 亚太

---

① 身心障碍者权益保障法，台湾卫生福利部(2015).

② 参考台湾劳动部 2014 年身心障碍者劳动状况调查统计结果.

区孤独症论坛上针对 ASD 成人就业提出如下看法：ASD 成人就业与高质量的生活（包括生活满意度、归属感、自我认可度）、增加和朋友的联系、减少焦虑和抑郁这几个方面相关。是 ASD 儿童及成人的日常生活能力而不是障碍的严重程度及 IQ 影响其就业前景。

（3）生活

在 2016 年的 IMFAR 自闭症研究国际会议（International Meeting for Autism Research，又称国际自闭症研究会议），Elizabeth Schroeder 博士提出：父母的期望，不仅关系到孩子未来的生活品质，很可能也对提高孩子成年后独立性起到了非常重要的作用。因此，应该鼓励家长们适度地对年幼的自闭症孩子报有更高的期望。①

在 2015 年 IMFAR 亚太区孤独症论坛上，Mark R. Klinger 博士公布美国 ASD 成人目前的生活状态。如图 10-1 所示：绝大部分是与家人一起生活（47%），有部分需要用到辅具（17%），有部分被送到托养机构（15%），有的在指导下可以进行家务劳动（10%），甚至有的可以独立生活（11%）。

Mark R. Klinger 博士还公布了一些关于 ASD 成人需要支持的日常照料的数据，他们团队认为 ASD 成人在 7 个日常照料方面最需要支持，分别是理财（84%）、健康照护（73%）、社会活动（73%）、进餐（71%）、社区参与（68%）、清洁（64%）、卫生保健（51%）。

---

① https://imfar.confex.com/imfar/2016/webprogram/Paper22678.html.

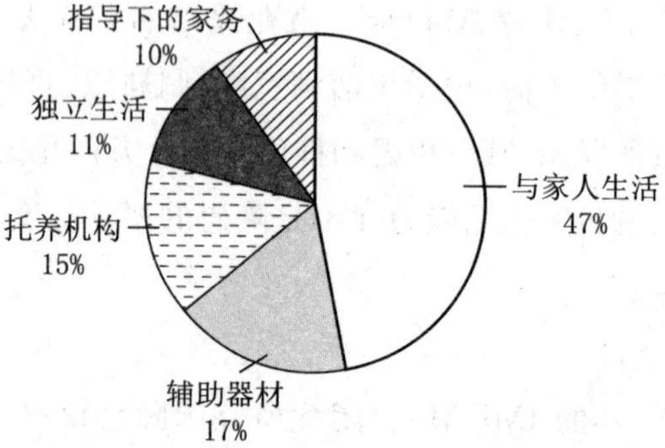

图 10-1　美国 ASD 成人目前的生活状态

而在中国香港地区，政府一般将自闭症成年和智障归到一起提供支持服务，主要也按照 ASD 成人的能力分为三类：能力最好的——可以自己在外面工作照顾自己，但一般都是跟家人住；中度能力——到庇护工场做工，或提供支持性就业，大多数住在家里，小部分人住在由政府资助的民办机构里；能力最差的——住在政府资助的民办机构宿舍里，白天去日间中心接受训练。

（4）身心健康

Croen(2015)①提出，相比其他成人，ASD 成人的心理/精神状况和身体状况更令人担忧。研究结果发现，在心理/精神状况方面，ASD 成人患精神障碍的比率显著增加（有超过 54%的 ASD 成人被诊断有精神问题），这些精神障碍包括焦虑（29.13%）、抑郁（25.75%）、注意缺陷障碍（11.08%）、双相情感障碍（10.55%）、精神分裂（7.83%）、强迫症（7.63%）和自杀倾向（1.79%）等。其

① Croen, L. A., Zerbo, O., Qian, Y., Massolo, M. L., Rich, S., Sidney, S., & Kripke, C. (2015). The health status of adults on the autism spectrum. *Autism*, *19*(7), 814—823.

中，ASD成人有自杀倾向的风险是控制组的5倍。相比于ASD成年男性，ASD成年女性被诊断为焦虑、双相情感障碍、失智症、抑郁、精神分裂症、自杀倾向的比例更高。

在身体健康方面，几乎所有身体疾病发生在ASD成人身上的可能性都高于一般人，这些身体健康问题包括：免疫力问题(13.87%)、过敏(36.3%)、肠胃问题(34.7%)、睡眠障碍(17.58%)、癫痫(11.94%)、肥胖症(33.91%)、血脂异常(22.83%)、高血压(25.61%)、糖尿病(7.56%)和甲状腺疾病(7.03%)。

除此之外，还有学者认为与其他非自闭症的同龄人相比较，自闭症成人面临更多的：[①]

- ✧ 精神障碍：抑郁症、躁狂、强迫症、精神分裂、自杀倾向。
- ✧ 自杀倾向是其他非自闭症同龄人的9倍。
- ✧ 平均寿命短18年，自闭症合并学习障碍者寿命短于其他人至少30年。
- ✧ 自闭症合并学习障碍的成人，如果患神经系统疾病如癫痫，过早死亡的概率是其他人的40倍。
- ✧ 比其他同辈更容易患中风及帕金森病这类较少出现的疾病。
- ✧ 可能的危险因素是：限制饮食、运动过少、用药增加、压力(包括欺凌)、社交孤立、感觉处理问题等。

---

① 台湾自闭症基金会电子报(第25期). 2016-05-04，https://issuu.com/5568760/docs/_321 Hirvikoski, T., & Blomqvist, M. (2015). High self-perceived stress and poor coping in intellectually able adults with autism spectrum disorder. *Autism the International Journal of Research & Practice*, *19*(6).

因此家庭和其他照料人员/工作人员需要关注自闭谱系障碍个体的身心健康，特别是心理健康，做好预防和支持工作。

（5）高中职阶段的转衔

越来越多的证据表明迫切需要对自闭症成人提供转衔支持。在美国，每年大约有 5 万自闭谱系障碍儿童届满 18 岁，然而这些年轻人在高中毕业 6 年以后，只有三分之一能上大学，而且找到过工作的更不及一半。目前自闭症治疗和支持服务主要集中于自闭症个体的儿童期。从高中毕业后，由于社会上缺乏对自闭症的成年人服务，让许多家庭感觉无所适从。一个人生命周期内的时间主要集中于成人阶段，如果不能独立，成年后的花费总额有可能会高达 140 万～230 万美元之巨①。这也是为何转衔支持很重要的原因——帮助 ASD 成人生活适应良好，减轻家庭和社会的负担。

为了帮助大龄自闭症个体实现更好的向成人阶段过渡，在高中职阶段不妨在以下几个方面加以尝试：

- ✧ 尽早进行生涯探索，可以借助一些生涯测评工具（如 CIPSI）进行测评，了解孩子的优势、兴趣。
- ✧ 根据孩子的优势和兴趣选择高中/中职，高中的培养目标还是以升学为主，如果孩子在升学方面没有太大的优势和兴趣，可以考虑中职学校，选择擅长或喜欢的科目进行学习。
- ✧ 如果希望在高中职毕业后直接就业，那么可以从兼职

---

① 具体内容参见：http://www.autismspeaks.org/science/science-news/top-ten-lists/2012/mounting-evidence-critical-need-adult-transition-support.

或志愿者的经历中积累履历。在高中职阶段，不妨参加一些兼职或志愿者的工作。这样不仅可以锻炼他们适应环境的能力，也能为他们积累一些可移植的、申请目标工作岗位所必备的工作经验。

✧ 养成良好的生活习惯、职业习惯。在台湾地区，ASD 成人的稳定就业 3 个月以上的并不多，根据雇主的反馈，其中一个原因是没有很好的生活习惯、职业习惯，比如上班迟到、完成任务拖拉。对此可以培养 ASD 孩子养成使用时间表的习惯，以帮助他们实现预定工作的目标。

✧ 培养基本的生活自理能力，不论是升学还是就业，生活自理都是最基本的要求。所以家长要反思：这些事情我要帮他/她做吗？是和他/她一起完成还是让他/她独立完成？

自闭谱系障碍个体从被确诊到成人，经历过许许多多的挑战。我们是不是应该反思：对这些 ASD 的孩子而言，特殊教育的目的到底是什么？难道不是希望他们成人后可以成为独立自主、有生产力的公民吗？之所以在这里探讨有关 ASD 成人的内容，其实也是希望给家长和相关教育/社会工作者带来一些思考，从后端看前端，从成人阶段看儿童阶段，在儿童阶段所做的干预或者教育的目标应该是为成人阶段的生活而服务的，是为成为独立自主、有生产力的公民而努力的！

第二部分
自闭谱系障碍儿童融合教育的家庭支持

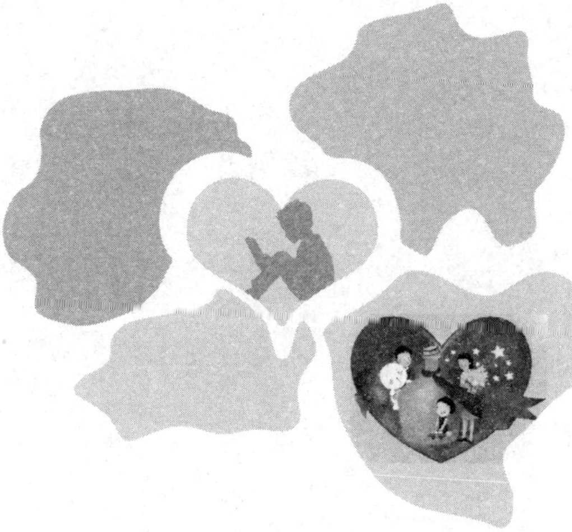

11. 融合教育是什么？随班就读是什么？

自20世纪80年代以来，中国开始尝试让残疾儿童进入所在社区的普通小学班级就读。这一首创性实践被称为随班就读，通常是指儿童在普通学校中接受特殊教育。大多数中国学者认为随班就读是融合教育的一种创新性的形式，它是以西方国家融合教育的概念和实践为基础的，但是深深植根于中国特殊教育的现实。①

1994年，萨拉曼卡宣言（Salamanca Statement）号召所有的国家都采用融合教育作为实现全民教育的策略。融合教育被看作是一种可以使每个人都接受教育的途径，是一种强大的可以保障所有人有权参与的变革性力量，并能包容差异和多样性。在西方文化中，融合教育可以追溯到为了平等和自由的社会运动中。这里融合的概念不仅是指将残疾儿童安置在普通学校

① 刘春玲.中国随班就读二十年[J].教育展望，2008，38(1)，154—160(Chinese edition).

中，更是为有障碍的儿童提供相同的机会，在其社区内的学校为儿童安排符合其年龄发展的普通教室环境，为这些儿童提供有效的高质量的教育、支持、服务，同时在这些学校和教室里形成一种基于社区的接纳、归属的文化，来满足不同学习者的多样性需要。①

随班就读是中国实现融合的一种方式，是以中国的具体国情和现实情况为基础的。随班就读被看作是中国特殊教育的主要组成部分，对特殊儿童的教育需要使用普通的或者特别设置的课程、教科书、教学策略以及设备，来实现正常儿童和残疾儿童共同的发展目标，以及残疾儿童的特殊发展目标。

近年来中国也出台了一系列的法律法规，特别是2020年新颁布的《关于加强残疾儿童少年义务教育阶段随班就读工作的指导意见》，强调“坚持普特融合，提升质量，实现特殊教育公平而有质量发展，促进残疾儿童少年更好地融入社会生活”。②

高质量的融合教育/随班就读，不仅仅是把特殊儿童安置在普通教育环境里。不能是“随班就座”或“随班混读”，需要综合前面的教育支持系统来保障随班就读的质量，一方面要遵循特殊学生的特征和需要，对教学内容和教学方法进行调整，制定个别化教育方案，另一方面，也需要为教师和家庭提供相关的支持和资源，确保教育方案的实施。

---

① Yu, L., Su, X., & Liu, C.. (2011). Issues of teacher education and inclusion in china. *Prospects*, 41(3), p.355—369.

② 《教育部关于加强残疾儿童少年义务教育阶段随班就读工作的指导意见》(教基〔2020〕4号) 2020-6-22 http://www.moe.gov.cn/srcsite/A06/s3331/202006/t20200628_468736.html.

12. 自闭谱系障碍儿童融合教育的意义是什么?

融合的安置方式对障碍儿童有什么影响呢?根据国内外的研究,发现有以下几点:

第一,将障碍学生安置在普通教育环境之中,在社会发展和学业发展上具有显著的积极作用。学校集体生活是自闭谱系障碍儿童学习社会规则的最佳途径,而且有利于孩子学习发展社会模仿、学习人际交往。学业发展上,普通教育环境对学业有更高的要求,孩子、老师、家长都会有紧张感和压力感,但是,潜能也会在适度的压力下被激发。

第二,对于3~5岁轻、中度障碍的儿童,如果他们的功能水平相对较高,在融合环境内表现较好;如果功能水平相对较低,融合或其他环境内的表现没有差异。

第三,中、重度障碍儿童一般在融合环境内的表现较高或至少一致,特别是独立性、社会能力领域,当然,这需要教师有意识地去促进儿童相应的能力的发展,给予学习机会和适当的支持。

自闭谱系障碍儿童的核心障碍是社会沟通与互动,而高质量的融合教育可以为谱系儿童提供一个自然的学习环境。比如在幼儿园的一日活动中，谱系儿童学习排队、等待、轮流，学习适应从一个活动转换到另一个活动，学习集体活动的规则和行为要求，学习集体指令与个体指令的差异，学习在不同的区角与同伴互动的规则和冲突解决的策略，室外大运动中也存在很多的社会规则……这些能力都需要大量的练习和适当的支持。典型发展儿童也需要很长一段时间慢慢积累相关的学习经验，掌握相关的技能。而谱系儿童如果仅仅只是个训，缺乏融合教育中的自然经验，对于后续进入普通教育环境的适应会带来相应的挑战。

虽然本节的主题是探讨自闭谱系障碍儿童融合教育的意义，但融合教育并不仅仅只是面向特殊儿童，应该是为了每个孩子的发展，典型发展的孩子在融合教育中也应当是受益的。学生间的个别差异其实蕴含着很多学习机会，让典型发展的孩子也有机会学习到：接纳差异，欣赏多元，用不同的视角看待这个世界上与自己不一样的人。

而融合教育的"有教无类、因材施教"，对于儿童的个性和差异的尊重、接纳和支持，恰恰也是理想中的教育的目标。

13. 自闭谱系障碍的早期发现和家长在早期发现中的作用是什么？

虽然《精神障碍诊断与统计手册（第五版）》（DSM-Ⅴ）将自闭谱系障碍的发病时间从3岁以内扩展到整个儿童期，但实际上很多自闭谱系障碍的症状在更早的时候就已经产生。目前较多的自闭谱系障碍儿童要到3岁或3岁以上才去医院进行评估确诊或者医生才给出确切的诊断。如果家长和其他照料者对儿童的典型发展历程有一定的了解并且平时多留心儿童的表现，其实可以在更早的时候发现自闭谱系障碍儿童的早期讯号。

但最关键的还是，发现孩子发展的特殊性，诊断并不是首要任务，最重要的是介入和早期干预！

知识小卡片 13-1

早期自闭谱系障碍筛查工具

早期筛查自闭谱系障碍儿童的工具十分有限，现在使用的自闭谱系障碍儿童行为问题筛查的工具中，《婴幼儿自闭症量表》(CHAT)和《幼儿自闭症筛查工具》(STAT)是两种专门用于1.5～2岁儿童自闭症鉴别诊断的工具，而《幼儿自闭症量表(修订版)》(M-CHAT)被广泛利用于16～30个月大儿童的筛查。这些工具可以筛检出3岁以前有明显自闭谱系障碍行为的儿童。

以M-CHART为例，该量表是CHAT父母问卷部分的扩充版，由J.M. Kleinman等修改而成，用于筛查16～30月龄的自闭谱系障碍儿童，共23项目由父母填写。M-CHAT的6个关键条目分别调查儿童的社会联接、共同注意、分享物品和应人能力。当23条中有3条或6个关键条目中≥2条未通过则说明有自闭谱系障碍高风险，未通过初筛的儿童需进一步电话随访，仍未达标者需进一步评估以明确诊断。其灵敏度为97%，特异性为99%，是早期筛查较好的工具①。

有研究数据显示75%～88%的自闭谱系障碍儿童在其出生后的前两年就会表现出自闭谱系障碍的危险信号。也有报告指出一些标准化的测量工具可以对年仅18个月大的幼儿进行鉴别诊断。而我们在国内的一项调查里发现，在被调查的自闭谱系障碍儿童的家长中，93%在3岁前就发现了儿童可能有"自闭症"的症状，其中超过35%的家长在2岁前就有所觉察，但从最初发现儿童的症状的时间到寻找医学帮助的时间，存在一个长达13.7个月(平均值)的延迟期，而在首次寻找医学帮助到获

---

① Blaxill MF. What's going on? The question of time trends in autism. Public Health ReP. 2004 Nov—Dec:119(6):536—551.

得确定诊断之间又存在平均 11.7 个月的延迟期①。这样就很可能在“等等看”的过程中错过了黄金的早期干预时间。

自闭谱系障碍被普遍认为是一种脑部发育缺陷引起的广泛性发展障碍，而婴幼儿早期脑部神经发育具有很高的可塑性，因此对于自闭谱系障碍特别强调“早发现，早干预”。但中国流行一句话“贵人语迟”，家长可能会因此一直抱持“再等等看”的心理，期望某天孩子突然发展赶上大部队，或者把孩子不说话、不合群的表现简单归为“害羞”从而错过接受诊断、干预的最佳时期。家长是接触自己孩子最多的人，也更容易关注到自闭谱系障碍的一些早期信号，因此家长要相信自己的直觉，并随时关注儿童发展的各个关键期，当您注意到自己的孩子与同龄儿童的发展好像开始有些不同的时候，应及早开始干预。

知识小卡片 13-2

婴幼儿可能患有自闭谱系障碍的早期迹象

- 没有眼神接触（眼神接触是指，比如喂食的时候会看着你）
- 当你对他/她微笑的时候，不会用微笑回应你
- 对自己的名字没有反应或对熟悉的人的声音没有反应
- 眼睛不能跟随一个移动的物品
- 不会用手指某个事物，不会挥手表示再见或者不会使用其他的一些手势用来进行沟通

---

① Su, X.Y., Long, T., Chen, L.J., & Fang, J.M.(2013). Early Intervention for Children with ASD in China: A Family Perspective, *Infants and Young Children*, Vol 26(2):111—125.

- 当你指着一个有趣的物品时，不会跟随你的手指的方向
- 不会故意制造一些响声来引起你的注意
- 不会主动来拥抱你或者对拥抱没有回应
- 不会模仿你的动作和面部表情
- 不会伸手要你抱
- 不与其他人玩或者分享自己感兴趣或者觉得开心的事物
- 不会寻求帮助或者不会做出简单的要求

特别强调的是，在儿童早期，家长如果观察到以下迹象，应该提高警惕，密切关注孩子的成长，尽早采取行动①：

- 出生 6 个月以上，仍然没有大笑或其他温馨、快乐的表情；
- 出生 9 个月以上，仍然没有交互性分享的声音、微笑或其他面部表情；
- 出生 12 个月，仍然没有牙牙学语；
- 出生 12 个月，仍然没有交互的手势，如用手指、展示、伸手或挥手等；
- 出生 16 个月，仍然没有只言片语；
- 出生 24 个月，仍然没有两个字的有意义短语（不包括模仿说或重复）。

除此以外，也有研究者提出如果儿童满 18 个月并表现出以下的行为，就应考虑对儿童进行自闭谱系障碍的筛查，包括叫名字不反应、眼神交流欠佳、行为刻板不变、脾气暴躁、不和别人玩

① Lubetsky, M. J., McGonigle, J. J., & Handen, B. L. (2008). Recognition of autism spectrum disorder. Speaker's Journal, 8(4), 13—23.

角色扮演类的游戏、对别人的逗引不予理会、对其他小朋友不感兴趣、曾经会说几个字或简单儿语但现在又不会了等。[①]

当我们发现儿童存在前面提及的一些需要关注的异常的行为表现时,首先要调整心态,然后努力与家人一起做下面这些事。

1. 仔细观察儿童的行为表现并记录儿童的行为

可以通过录像的方式来记录,选取儿童日常生活中的一些典型的片段,比如儿童单独玩玩具、饮食、与人互动等时间段。如果儿童已经就读幼儿园,幼儿园的老师也反映了相同的担忧,也可以请老师帮忙进行一些录像记录。因为目前的医院诊断主要是基于行为观察,这些自然情境下的录像对于后续的诊断和发展评估都有参考价值。

如果儿童存在一些挑战性的行为或者让你比较困扰的行为,也可以通过录像来进行记录,或者通过行为观察表来进行观察和记录(见表 13-1)。

表 13-1　儿童挑战性行为观察记录表

时间/地点	A (行为发生前)	B (行为是什么?)	C (后果:如何处理,儿童的反应)	备注

① 苏雪云(2014).如何理解自闭谱系障碍和早期干预.北京:北京大学出版社,5—8.

2. 寻求专业权威的医院进行专业评估

对自闭谱系障碍的诊断并非随意进行，通常需要专业人员(如医生、心理学家、特殊教育专家等)通过观察、问卷、访谈等方法，在综合全面地收集儿童发展情况的基础上，依据专业的诊断标准和诊断工具才能下结论。因此，如果发现儿童有异常，家长应寻找当地就近的三级甲等医院或者外省市专业的医院，前往筛查和评估、诊断。全国比较权威的医院见表13-2。

表13-2 全国可提供自闭谱系障碍筛查的专业医院

医院名称	地址	联系电话/网站
复旦大学儿科医院	上海闵行区万源路399号/徐汇区医学院路130号(枫林路口)	http://ch.shmu.edu.cn/ 021-64931923
上海市儿童医院	上海北京西路1400弄24号	http://www.shchildren.com.cn/shchildren_website/html/shset/portal/index/index.htm 021-62474880
上海市精神卫生中心	上海徐汇区宛平南路600号	http://www.smhc.org.cn/ 021-34289888
上海儿童医学中心	上海浦东新区东方路1678号	http://www.scmc.com.cn/ 021-38626161
上海新华医院	上海杨浦区控江路1665号	http://www.xinhuamed.com.cn/ 021-25078999
北京大学第六医院	北京市海淀区花园北路51号	http://www.pkuh6.cn/ 010-82801984
北京儿童医院(首都医科大学附属儿童医院)	北京市西城区南礼士路56号	http://www.bch.com.cn/ 010-59616161(咨询) 010-59718686(门诊)

（续表）

医院名称	地　址	联系电话/网站
广州中山大学附属第三医院	广州天河区石牌岗顶的中山大道、天河体育中心东侧	http://www.zssy.com.cn/ 020-85253333（总机） 020-85253019（挂号处） 020-85253203（门诊查询）
南京脑科医院	江苏省南京市鼓楼区广州路264号	http://www.c-nbh.com/ 电话总机：025-82296000 预约挂号：025-82296386

注：信息仅供参考，建议前往就近的三级甲等专业医院进行咨询和就医。

但我们也要意识到，诊断结果对于我们解释儿童的行为可能有一定的帮助，但诊断本身并不会直接影响和促进儿童的发展。我们要尽可能理性对待诊断，避免将时间过多地放在“确诊”上，带儿童到处求医寻求一个结论，而不及早进行干预很可能会错过最佳的干预时间。

3. 及早开展干预

发现异常后家长应遵循“一发现立即干预”的原则，不要一味等待确诊后再开始干预。开展干预的方式有很多，如寻找专业的教育机构、聘请专业的干预老帅或者是家长自学一些日前较为有效的干预方法。这里尤其要提到家长参与干预的重要性。由于家长是最了解也是接触自己孩子最多的人，而且科学、密集的干预被认为更为有效，因此专业机构应该提供家长支持和家长培训，让家长参与到儿童的教育干预中，不是作为“专业人员”介入和参与，而是提升家长与儿童亲子互动的质量和效率，在日常生活中创设学习机会，让儿童可以关注到家长，学习模仿和共同注意等基础技能。

国外的自闭谱系障碍的干预和专业服务体系相对比较完善，但目前一个重要趋势依旧是家庭的参与。而在中国目前绝大部分的干预的主要实施者是家长，家长支持和支持家长都非常关键。

儿童融合的第一步基石，是能够融入家庭的日常生活，能参与到家庭生活里。融合并不仅仅指进入普通学校（幼儿园）学习，还包括能融入所在的社区的生活里。

4. 寻求资源和支持，让自己成为一个学习者，和儿童一起成长！

当儿童被确诊为自闭谱系障碍时，家长必须做好心理准备，因为这将是一场持久且艰难的“战斗”历程。家长需要对自闭谱系障碍具备相关知识，特别是对自闭谱系障碍的特征表现有深入和全面的认识，最好能了解一些干预的原则和方法，来确定儿童的干预方向。此外，家长可以和残联康复中心或者区特殊教育指导中心联系，向他们咨询相关的支持和服务。同时，家长可以通过一些相关论坛或微博等渠道，与有经验的自闭谱系障碍儿童家长或者专业人员交流活动，从而获取更多自闭谱系障碍的信息、经验与资源。

家长自己正确科学的儿童观和发展观，在自闭谱系障碍儿童的早期干预和融合教育支持过程中尤为重要！

家长还有个很重要的任务，就是调整好自己的心态。虽然很难，但是家长要尽量做到不管诊断结果如何要对孩子保持一颗平常心。是否患上自闭谱系障碍并不是儿童能够选择的，儿童对于每个父母来说都应该是独特的、可爱的和奇妙的存在，自闭谱系障碍只是儿童伴随的特征，父母对儿童的爱、关心和支持应该是一样的。不论诊断结果为何，多关注生活中的积极面，与配偶、家人、朋友保持良好交流，建构自己的社会支持网络，同时阅读一些情绪调节方面的心理类书籍或是寻求专业心理咨询师的帮助，都有助于家长以更加积极的心态面对儿童和儿童的发展，与儿童一起进步！①

这里小结一下几点建议：

- 立即开始行动，为儿童寻找专业的早期干预和康复；
- 家长努力学习，让自己了解专业信息，参与到家庭早期干预中；
- 寻找帮助和支持，与自己的家人和周围的人进行沟通，获取理解和支持；
- 照顾好自己，保持身体和心理的健康！

---

① 苏雪云(2014).如何理解自闭谱系障碍和早期干预.北京：北京大学出版社，p.24—27.

14. 自闭谱系障碍是如何诊断的?

尽管研究者已经明确,几个少见基因位点突变可以导致广泛性发展障碍的个别亚型,也有众多研究探讨了镜像神经元等认知神经缺陷与自闭谱系障碍有关,但是目前还没有可以用于自闭谱系障碍诊断的权威的遗传学检测技术,通常对自闭谱系障碍的诊断还是基于行为观察和心理学、教育学方面的测试。

自闭谱系障碍的表现是非常不同的,因此进行诊断的途径也多种多样。迄今为止,对自闭谱系障碍还没有单一的某一项诊断工具和方法可以完成全部诊断,为了保证诊断的准确性,通常会要求对儿童做出全面性的检查评估,从多个领域、多个侧面了解儿童的发展状况。同时,心理学家、儿科医生、治疗师、教育学者等的多学科合作对于儿童的评估诊断也是十分重要的,另外,特别需要强调的是,整个过程中家长的参与,是科学诊断的一个重要的基础。

对自闭谱系障碍疑似病例进行综合评估时,必须包括其成长史、父母访谈、必要的医学检验、对儿童的观察、认知和适应功能的标准化测试以及对社交、沟通交流技能的直接评估。

当前，自闭谱系障碍的诊断标准主要有美国精神医学学会出版的《精神障碍诊断与统计手册(第五版)》(DSM-Ⅴ)、世界卫生组织的 ICD-10 精神与行为障碍分类以及《中华精神科学会中国疾病分类诊断标准》(CCMD-3)。其中，《精神障碍诊断与统计手册(第五版)》之前的第四版(DSM-Ⅳ)是应用范围最广的一个诊断标准。①

但要特别说明的是，轻度自闭谱系障碍并不意味着后续需要的支持就越少，在目前的融合教育现状里，很多轻度或者高功能的自闭谱系障碍儿童，进入普通学校学习，但也需要管理者、教育者、家长和同伴给予系统的支持！

知识小卡片 14-1

什么是 DSM-Ⅴ？关于自闭谱系障碍有何变化(与 DSM-Ⅳ 比较)？

DSM 是 The Diagnostic and Statistical Manual of Mental Disorders 的简称，即《精神障碍诊断与统计手册》，由美国精神医学学会出版，是一本在美国与其他国家最常使用来诊断精神疾病的指导手册。自从出版以来，DSM 历经五次改版。DSM-Ⅴ已于 2013 年 5 月 18 日在美国出版。

DSM-Ⅴ关于自闭症最显著的一个改变在于尝试使用“光谱系统”(Spectrum)，并将不再使用“类别分类”，采用“自闭谱系

① 苏雪云(2014).如何理解自闭谱系障碍和早期干预.北京：北京大学出版社，p.9—10.

障碍”这个概念，而阿斯伯格综合征、童年瓦解性精神病，以及其他非典型广泛性发展障碍等以往的这些分类在日后的诊断中将不再出现。诊断标准从以往的三个领域(社交、语言和行为)调整为关注儿童在社交互动、沟通和重复行为两大领域的发展情况。同时，诊断标准推出了关于“自闭症程度”的准则(一级、二级、三级)。语言的发展情况不再作为单独一个标准，而是作为临床参照，来决定“程度”。

知识小卡片 14-2

DSM-Ⅴ关于自闭谱系障碍的具体诊断标准①

A. 现在或曾经在多种情境下存在社会沟通和社会互动方面持续性的缺陷，症状表现在以下方面(下面的例子仅用于解释说明，并未详尽列出所有情况)：

1. 缺乏社会性情感互动的能力，具体症状表现从轻到重包括：缺乏恰当的社交技能和轮流交谈的能力，无法运用对话交流来分享兴趣、情绪及情感，无法进行自发性的社会活动，以及对社会性互动缺乏回应；

2. 缺乏运用非言语交流行为进行社会性交往的能力，具体症状表现从轻到重包括：无法融合使用语言交流与非语言交流技能，表现出异常的目光接触以及肢体语言，对非言语交流的理解与运用存在障碍，以及缺乏面部表情或非言语交流；

① American Psychiatric Association(APA). (2013). Diagnostic and Statistical Manual of Mental Disorders(5th ed.-Revised). Washington, DC: American Psychiatric Association.

3. 无法开始或维持、理解社会关系，具体症状表现从轻到重包括：无法根据社会性情景的需求来调节自己的行为，无法进行想象性游戏，无法发展同伴关系，以及对同龄人缺乏兴趣。

指定当前的严重程度：

严重程度判断基于社会沟通障碍的程度和行为重复、局限的程度(见表 1-1)。

B. 现在或曾经表现出局限的、重复性的行为、兴趣以及活动，症状表现至少包括以下 2 项内容(下面的例子仅用于解释说明，并未详尽列出所有情况)：

1. 刻板及重复的动作或语言、重复使用某物体(例如，单一刻板的肢体行为、将玩具排成一排、翻转物体、模仿性语言、存在异常的语言)；

2. 无法接受改变、刻板地遵守某些习惯、或是仪式化的方式或仪式化语言、非言语行为(例如，因为细微改变而引发强烈的负面情绪、不易改变、死板的思维方式、刻板的问候方式、每天的食物或者是路线必须保持一致)；

3. 明显狭隘及僵化的兴趣爱好，并表现出异乎寻常的专注强度及专注程度(例如，对特殊物体有强烈的依恋、过分局限或持续的兴趣爱好)；

4. 对感知觉刺激表现过于敏感或过于迟钝，或是对环境中的感知觉刺激存在异常的兴趣(例如，无法辨别冷热痛觉、对特别的声音或材质反应异常、过度嗅或触摸某些物体、沉迷于光线或是旋转的物体)。

指定当前的严重程度：

严重程度判断基于社会沟通障碍的程度和行为重复、局限的程度(见后表)。

C. 症状必须出现于童年早期(但也可能由于个体能力限制无法展现社会性需求或被早期学习经验掩饰，而使症状无法全部表现)。

D. 症状导致个体社交、职业或其他重要情境下的日常功能显著受限或损伤。

E. 这些障碍不能由智力残疾(智力发育障碍)或是全面性发育迟滞解释。智力残疾和自闭谱系障碍通常是同时出现的；若要做出自闭谱系障碍和智力残疾的合并诊断，患者的社会沟通应低于一般发展水平。

注意：由 DSM-Ⅳ诊断为自闭谱系障碍、阿斯伯格综合征或广泛性发育障碍未注明型的个体都应被诊断为自闭谱系障碍。在社会沟通方面有明显缺陷，但症状不满足自闭谱系障碍诊断标准的个体应评估是否患有社会(语用)沟通障碍。

如果存在以下情况，需指明：

是否伴随智力障碍

是否伴随语言障碍

与已知医疗、遗传或环境因素有关(编码注释：使用额外的代码来识别相关的医疗或遗传因素)

与其他神经发育、心理或行为障碍有关(编码注释：使用额外的代码来识别相关的神经发育、心理或行为障碍)

伴有紧张症(紧张症相关的其他精神疾病，参阅 119～120 页[①]

① 指 DSM-Ⅴ原文页码。——编者注

了解概念)(编码注释：使用额外的代码293.89[F06.1]来表示自闭谱系障碍共患紧张症)

知识小卡片14-3

DSM-Ⅴ关于自闭谱系障碍严重程度的分级标准①

自闭谱系障碍严重程度	社会/交往障碍	重复行为及狭隘兴趣
程度3：需要极大支持	极严重的社会性言语及非言语交往技能缺陷导致严重的功能障碍。非常缺乏社会性交往意图。无法对他人发起的社会性交往进行回应。例如，个体只有极少的可理解的言语，很少发起社交行为，少量的社交行为一般只发生于用异常的方式满足自身需求或对十分直接的社交方式予以回应	行为僵化、局限或重复，应对变化存在困难，导致在各方面出现极其明显的功能障碍。当仪式活动或习惯被中断即会引发强烈的痛苦情绪，几乎无法将注意从固着兴趣上移开
程度2：需要较多支持	明显的社会性言语及非言语交往技能缺陷。在有帮助的情况下依旧表现出社会性功能缺陷；缺乏社会性交往意图，对他人发起的社会性交往回应较少或应答方式异常。例如，个体能说简单的句子，交往限于有限和特定的兴趣，有较为明显的异常的非言语交流方式	经常表现出明显的重复行为和/或固着或狭隘兴趣，应对变化存在困难，因而导致在各方面出现功能障碍。当重复行为被中断时情绪痛苦，很难将注意从固着兴趣上转移开

① American Psychiatric Association(APA). (2013). Diagnostic and Statistical Manual of Mental Disorders(5th ed.-Revised). Washington, DC: American Psychiatric Association.

（续表）

自闭谱系障碍严重程度	社会/交往障碍	重复行为及狭隘兴趣
程度1：需要支持	在缺乏支持的情况下会表现出一定的社会性功能缺陷。在发起社会性交往方面存在一定的困难；对他人所发起的社会性交往应答异常或是回应不恰当；对社会性交往缺乏兴趣。例如，个体可以说一些完整的句子并尝试交流，但与他人轮流交谈常常失败，尝试与他人交友的方式也是奇怪且不成功的	由于重复行为导致一个或多个方面的功能障碍。活动转换存在困难。缺乏组织、计划能力导致无法独立

除此之外，国内常用的诊断工具还有CCMD-3，即《中国精神障碍分类与诊断标准（第三版）》。它针对自闭谱系障碍的诊断标准如下：是一种广泛性发育障碍的亚型。以男孩多见，起病于婴幼儿期，主要为不同程度的人际交往障碍、兴趣狭窄和行为方式刻板。约有四分之三的患儿伴有明显的精神发育迟滞，部分患儿在一般性智力落后的背景下具有某方面较好的能力。具体的诊断标准见知识小卡片14-4①。

知识小卡片14-4

CCMD-3关于自闭谱系障碍的具体诊断标准

1. 症状标准

在下列(1)、(2)、(3)项中，至少有7条，且(1)至少有2条，

① 中华医学会精神科分会(2001). CCMD-3中国精神障碍分类与诊断标准(第三版).山东：山东科学技术出版社.

(2)、(3)项至少各有1条：

(1) 人际交往存在质的损害，至少2条：

① 对集体游戏缺乏兴趣，孤独，不能对集体的欢乐产生共鸣。

② 缺乏与他人进行交往的技巧，不能以适合其智龄的方式与同龄人建立伙伴关系，如仅以拉人、推人、搂抱作为与同伴的交往方式。

③ 自娱自乐，与周围环境缺少交往，缺乏相应的观察和应有的情感反应。

④ 不会恰当地运用眼对眼的注视，以及用面部表情，手势、姿势与他人交流。

⑤ 不会做扮演性游戏和模仿社会的游戏。

⑥ 当身体不适或不愉快时，不会寻求同情和安慰；对别人的身体不适或不愉快也不会表示关心和安慰。

(2) 言语交流存在质的损害，主要为语言运用功能的损害：

① 口语发育延迟或不会使用语言表达，也不会用手势、模仿等与他人沟通。

② 语言理解能力明显受损，常听不懂指令，不会表达自己的需要和痛苦，很少提问，对别人的话也缺乏反应。

③ 学习语言有困难，但常有无意义的模仿言语或反响式言语，应用代词混乱。

④ 经常重复使用与环境无关的言词或不时发出怪声。

⑤ 有言语能力的患儿，不能主动与人交谈、维持交谈，及应对简单。

⑥ 言语的声调、重音、速度、节奏等方面异常，如说话缺少

抑扬顿挫，言语刻板。

(3) 兴趣狭窄和活动刻板、重复，坚持环境和生活方式不变：

① 兴趣局限，常专注于某种或多种模式，如旋转的电扇、固定的乐曲、广告词、天气预报等。

② 活动过度，来回踱步、奔跑、转圈等。

③ 拒绝改变刻板重复的动作或姿势，否则会出现明显的烦躁和不安。

④ 过分依恋某些气味、物品或玩具的一部分，如特殊的气味、一张纸片、光滑的衣料、汽车玩具的轮子等，并从中得到满足。

⑤ 强迫性地固着于特殊而无用的常规或仪式性动作或活动。

2. 严重标准

社会交往功能受损。

3. 病程标准

通常起病于 3 岁以内。

4. 排除标准

排除 Asperger 综合征、Heller 综合征、Rett 综合征、特定感受性语言障碍、儿童精神分裂症。

而近年来，在发展生态学视野下，越来越多的人重视评估的生态效应，除了医学诊断外，还会考虑生态化评估的结果。生态化评估着眼于儿童生命发展的全程，将儿童个体与其生活的环境作为一个完整的系统，进行综合、全面、持续、动态的评估，从而对儿童个体的能力水平和环境支持资源做出真实、有效的判断。它通过观察与搜集资料的方式，直接对个体在其所属的各项环境（家庭、学校、社区等）中所表现出来的各项能力进行评估分析，以利于设计干预目标和干预内容的过程。主要包括以下内容：①

第一，儿童个体能力的评估。该评估主要集中在“感知—运动”“情感—社会”“语言—沟通”和“概念—逻辑”等关键能力领域，尤其强调儿童的优势能力，并将其作为教育干预的切入口和未来职业定向的重要参考。同时，评估应秉持生命全程观。

第二，环境资源的评估。该评估不仅包括实体的物理环境，还包括隐性的人际关系环境和文化符号环境。评估应充分挖掘和整合各个层面的环境资源，通过精心设计和优化调整，基于日常生活活动，促进情境化与契机式的学习。

物理环境——根据自闭症的“强烈世界”理论（虽然该理论存在一定争议），自闭症儿童可能存在“信息超载”的生理和心理特征。他们的神经系统敏感而不稳定，因此对于自闭症儿童而言，对家庭、学校或机构、社区等生活环境做结构化的调整，提供一个可预测、有组织的环境，有利于帮助儿童顺利实现学习和适应的目标。

人际关系环境——人际关系环境是人际层面的环境或背景，自闭症儿童与心中的“亲密他人”形成的纽带连接是“我—

① 自闭症儿童教育的生态化模式.中国教育报.http://www.bshare.cn/burl?id=1UMCmf&nsukey=kBCjGgh47dshuftgqKW5xvh%2B0pgZ-pcDD7ac8N%2BBgDIsxIb0K5qUgiIBAyrCGLJCgLtDAfhUVHmTtMG3YrQDuou8cTaH9M0w0U0Fq7fpaxZuKuU6ltLbQmjiERRR5cbLBPQdfU0i5CjkYCo4fh0i4O%2FZxmug5vXZiTy8DkLdXlrukMNabCUPcYo9J9IrsW6kG&from=singl. 2017-06-08.

你”的关系，是一个人与另一个人之间的关系，而非观察者与被观察者、治疗者与被治疗者的关系。这就对家长、教师、治疗师或其他专业与非专业人员提出了较高的要求，要求在看到儿童个体的真实存在，“如他所是”的同时，学会陪伴、引导、欣赏、支持，并通过培养儿童的“一技之长”，找到切实可行的人生出路。

文化符号环境——在更加宏观的层面上，自闭症儿童还面临着来自文化符号环境的冲击与压力。当前，语言约化为主要的甚至唯一的沟通媒介。超越表达的固定模式带来的局限性，拓宽和丰富人际交往的媒介与途径，充分利用自闭症儿童的直观思维与直觉敏感优势，找到适合每个儿童的沟通渠道与路径，利用实物、图片、音乐、舞蹈、戏剧和多媒体技术等多种促进意义生成与表达的方式，都具有良好的应用前景。

15. 孩子确诊后，家长可以做什么？

当孩子被确诊为自闭谱系障碍后，也就被贴上了“标签”，这个时候，最需要支持的是家长和家庭成员，家长们会陷入很多疑惑和负面情绪中，自闭症是什么？孤独症是什么？它对于我的孩子有什么影响？为什么会是我的孩子？

家长感到困惑、茫然和焦虑是十分正常的，基本上每一个家庭在面对诊断的时候，都会经历这样一个艰难的过程。有一些家长能相对比较快速地自我调节，努力不去任由心中的这些担心、难受、焦虑将自己包围，尽可能对自己的负面情绪做一些积极的处理。这对于儿童和家庭都有着十分重要的影响，如果家长能调整好自己的情绪，以更加积极、乐观和有活力的姿态面对自己的孩子和家人也会促进教育干预的良性循环。所以当孩子被确诊后，家长首先要做的是心理调适，同时寻找科学的信息和资源。

特别需要提醒家长的是，我们一定要记得，无论是否有诊断，孩子自己是“不知道”发生的一切的，“孩子依然是那个孩子”！我们曾遇到一些案例，当孩子被诊断后，有的家长可能眼里就只有自闭谱系障碍而没有儿童。儿童被冠上“自闭谱系障碍”的帽子后，仿佛不再具有儿童的属性。典型发展儿童的兴趣爱好、喜怒哀乐似乎都与自闭谱系障碍儿童无关。但是，儿童首先是儿童，而不是被诊断的障碍。自闭谱系障碍儿童同样拥有自己独特的天赋、优势、能力、需求和挑战。在发展阶段中，每个孩子都有可能出现一些行为问题和养育难题，并不能全部归结为因为孩子患有自闭谱系障碍。

儿童的障碍对家庭的确会产生巨大的影响，反之，家长的情绪、家长的态度和养育方式又会反过来影响儿童的发展。没有完美的养育者，也没有完美的养育方式，最重要的是家长能否根据孩子的特征和需求，进行回应性的、支持性的照料。

其次，照顾好自己的身体！我们可能觉得应该把时间全部都用在帮助自闭谱系障碍的儿童身上，我们没时间照顾自己，但是，如果您疲惫、超负荷或承担压力，您又如何能够照顾好自己的孩子或家人呢？照顾好自己，就像照顾他人一样，这样您才会后劲十足。

第三，寻求支持与资源。首先寻找当地残联和家长团体的帮助，获得科学真实的干预信息，了解相关的政策和讯息，同时和家人一起思考和讨论家庭内部的资源和支持有哪些，如何与家里老人积极沟通，合力为儿童的发展努力。

第四，为儿童提供家庭环境支持。对有自闭谱系障碍儿童的家庭来说，家里的环境可以多一些视觉支持，比如准备小黑板，把一日日程列在上面，作些专门的空间设计，特别是感知觉异常的儿童，对于噪音等刺激源要控制等，创设适宜的家庭干预环境。在不同的干预目标下，家中的每一个角落都可以作为干预环境。除了家中的环境,还有与家庭生活密切的外部环境。自闭谱系障碍儿童的行为有其特殊之处,但不等于说有理由把他们困在一个封闭的生活空间里,不让他们出门与外界接触。相反,父母应该带孩子外出游玩。像典型发展的儿童一样,去体验、去感受这个世界。融合并不仅仅是学校系统的融合教育,还包括社区生活的融合和社会融合!

最后,家长要学会构建和运用身边的支持网络,向配偶、家人、朋友寻求情感上的支持;通过相关论坛、微博、微信群和相关书籍了解有经验的家长的心路历程,也可以加入一些家长的互助团体,从而带给自己启发和力量;寻找一些心理学情绪调节方面的书学会放松自己的心情、调整自己的状态。

特别是要积极维护与配偶的关系,抚养一名自闭谱系障碍儿童的挑战会对你们的婚姻带来负面影响吗?并非如此!实际上,基于对上百个自闭谱系障碍儿童家庭的研究发现,在儿童自幼年成长至青少年的时间里,家庭中夫妻的离婚率与没有自闭谱系障碍儿童的家庭没有差异。在儿童成长至青春期晚期或成年后,育有自闭谱系障碍儿童的夫妻在某种程度上更有可能离婚,但造成此现象的原因尚不明晰。

照看一名自闭谱系障碍儿童带来的额外压力会导致维护夫妻关系的时间减少,何况照看一名年幼儿童本来就需要占用一部分时间。您可能会觉得自己别无选择,照顾好自闭谱系障碍儿童的需要才是最重要的,但您的伴侣是您的社会支持系统的重要部分,应该让他/她了解您的感受,和您一起来照顾好整个大家庭。中国有句俗话:“夫妻齐心,其利断金!”

当您用自己常规的方式仍无法较好地调整好自己的心态

时，建议您去寻找专业的帮助。尤其是如果您出现睡眠质量下降，无论怎样努力都无法控制自己的消极想法，没有食欲，比通常更易发脾气等表现，甚至产生生活没有意义的想法时，就说明您的焦虑已经影响到了您的生活，这时您需要寻求更为专业的帮助，通过专业的心理咨询师或者医生支持和帮助您更好地调节自己的状态。

16. 在家里如何开展早期的教育干预?

很多家长会觉得自己没有专业技能来进行早期干预，其实这里特别想强调的一点是，自闭谱系障碍儿童首先是儿童，很多时候，一个典型发展儿童发展所需要的各种积极的养育观念和方式对于我们自闭谱系障碍儿童也是适用的，我们的孩子有特殊性，但我们的孩子与其他儿童的共性要多得多。

在儿童发展的早期，我们都需要为儿童提供丰富的环境，包括心理环境和物理环境，自闭谱系障碍儿童也需要积极的依恋关系，父母要参与儿童的成长。自闭谱系障碍的儿童对于外部环境更为敏感，熟悉的照料者和熟悉的环境，可以让儿童形成安全感，后续引导支持得当，孩子才会慢慢走出舒适区，去乐于探索周围的世界，与周围的世界(包括物品和人)进行多种互动。家长能做的最基础的工作与其他家长是一样的，就是让自己成为一个有趣快乐的父母，可以吸引到孩子的注意力，然后为儿童提供丰富有趣的学习机会，让儿童获得各种不同的学习经验，然后慢慢成长。

自闭谱系障碍儿童的早期干预，更多是对环境进行一个创设，用一些策略来为儿童的学习提供“脚手架”。接下来我们将就如何有效地进行早期干预的一些基础原则跟大家做一些分享。家庭教育中，经常都是知易行难，“知道怎么做”总是比“真正去做”要容易很多，更多还是需要家长保持一个积极的信念，相信自己有能力去进行干预，温柔地坚持，一点点突破，也相信自己的孩子有能力去学习和发展！

首先，让我们先看看儿童的“发展生态图”。①

早期干预，包括后续为儿童的融合教育提供相应的支持，都需要对儿童进行评估，而基于发展生态学的理论，其中相当重要的一个内容是对儿童进行一个“发展生态学”的评估，了解儿童发展过程中对儿童会产生影响的各个因素。一般而言，儿童是中心，然后是与儿童密切联系的家长、兄弟姐妹；再接下来是学校（包括教师和同伴）、社区（邻居和朋友等、医院系统）；再往外的是社会的文化价值观、法律政策以及大众媒体等。

每一个儿童的“发展生态图”都会不同（见图 16-1），家长可以自己来画一下自己孩子的发展生态图，这样有助于我们了解儿童发展和家庭所能获得的各种资源和支持来源，思考如何协调儿童成长过程中的各种资源和支持。也可以用线条的粗细来代表支持的强度，虚线来代表可能存在的压力源等。发展生态图可以帮助我们跳出“孩子的障碍和问题”的思路，去思考环境上可以做些什么改变和调整，来支持孩子的发展。

---

① 苏雪云(2014).如何理解自闭谱系障碍和早期干预.北京：北京大学出版社，p.125.

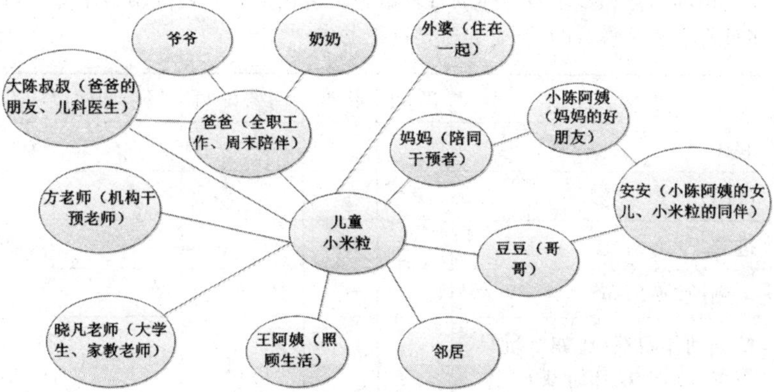

图 16-1　“小米粒”的发展生态图

接下来，我们需要了解我们的儿童——评估是一个过程！

对于日常生活(作息)的记录和观察，可以帮助我们了解儿童在典型的一天里，他的整体情况是怎么样的，他怎么参与一天的日常活动，他的行为表现如何，帮助我们思考和寻找日常生活的各个不同的时间点和时间段，可以怎么调整，来为儿童提供相应的学习机会。

特别是仔细观察我们的孩子，他对于一日的生活的感受是什么，早上起床的时候困难吗？孩子的反应是什么？起床需要多长时间，我们都是怎么做的？哪些时刻比较顺畅，孩子比较喜欢？仔细观察孩子的言行，还有孩子的情绪状态，以及周围大人的言行，观察你们互动的情况。

表 16-1 日常活动表可以作为观察记录的一个参考，家长可以根据实际情况进行调整。

表 16-1　日常活动表①

请列出你和孩子有规律的日常事务。请在最后一栏注明孩子对于这些日常事务是喜欢的、忍受的还是抗拒的。

	时间	长度	简要说明	孩子如何反应?
起床				
洗漱				
进餐				
上厕所/换尿布				
精细动作游戏(比如玩玩具、美术、感知-动作游戏)				
大动作游戏(比如打闹游戏、追逐、户外游戏)				
唱歌或者其他社交活动				
讲故事				
洗澡				
就寝时间				
其他(比如玩电脑/iPad、看电视、去公园、和兄弟姐妹或其他照料者一起玩)				

除了对日常作息活动作观察和思考，我们还要通过孩子参与不同活动的情况来弄清楚孩子喜欢什么。我们可以通过不同的活动类型去了解我们的孩子，包括②：

① Ingersoll, B., & Dvortcsak, A. (2016)：自闭证儿童社交游戏训练(郑铮，译).北京：中国轻工业出版社.

② Rogers, S.J., Dawson, G., & Vismara, L.A. (2012). An Early Start for your child with Autism. NY: The Guilford Press.

- ✓ 玩具或者其他玩的物品
- ✓ 社会扮演
- ✓ 食物
- ✓ 照料(洗澡/换尿布/穿衣/就寝)
- ✓ 阅读活动
- ✓ 家务活

下面这些建议用来帮助了解你的孩子感兴趣或者关注的事物：①

(1) 在上述六项活动类型中，注意你的孩子感兴趣或者关注的那一项。针对每一项，制作一个清单，包括材料、玩具、体育游戏等孩子可能想获得或者喜欢的物品。如果你的孩子并没有在自然状态中表现出关注或者感兴趣的物品或者活动，那先放置一些材料或者玩具，鼓励孩子去操作或者玩，以发现孩子可能喜欢的事物。

(2) 其次，通过观察孩子在参与活动时的表现，回答以下问题。对于每一项活动：

- ✓ 我的孩子会搜寻哪些物品或者活动？
- ✓ 我的孩子愿意去看、抓、或者拥有哪些物品？
- ✓ 哪些活动会让我的孩子想向我或者其他家庭成员寻求帮助？
- ✓ 哪些项目会让我的孩子开心或笑？
- ✓ 当我的孩子悲伤或者兴奋、暴躁时，哪些项目会让她平静下来？

---

① 引自：苏雪云(2014).如何理解自闭谱系障碍和早期干预.北京：北京大学出版社，p.127—130.

(3) 如果你的孩子对传统的游戏项目没有多大兴趣，那么尝试去关注孩子其他的日常活动反应。有一些儿童不会去接近任何事情、任何人或者没有指导的话不会玩任何物品。这有可能发生，但是十分少。如果你的孩子独自一人离开，那他会走向哪里？还是逃离什么？当你的孩子摸或者握住或者看一些事物时，这些事物是什么呢？当你和孩子玩身体游戏时，不管是挠痒、拥抱、挤压、围圈，还是其他活动，你孩子的反应是什么？他是不是很享受呢？

(4) 一些时候，孩子所喜欢的物品并不与他们的年龄相符合，或者是一些习惯的刻板、限制性行为。

(5) 尽管孩子的兴趣不太符合常规，但也是他们的兴趣，你可以把这些加到列表上面。很少有儿童会不喜欢任何的物品或者活动。即便有的孩子对很多物品都没有兴趣，我们也可以创造一些社会游戏，或者建立孩子玩玩具的兴趣。

然后，一起看看早期干预环境的创设。

对于自闭谱系障碍儿童而言，环境的创设非常重要，他们大部分是视觉学习者，也就是说他们的视觉加工有优势(也有少部分儿童听觉很有优势)，另外他们的注意力很容易分散，因此在最初开始干预的时候，早期干预环境的创设有这样一些原则[①]：

✓ 安排可以预知的例程(日程安排)

自闭谱系障碍儿童对于惯常(一般日常安排的规律)有比较高的要求，其实也是因为他们需要一种心理上的安全感，如果突

---

① Ingersoll, B., & Dvortcsak, A. (2016)：自闭证儿童社交游戏训练(郑铮，译).北京：中国轻工业出版社.

然发生一件事情或者到一个全新的环境，他们时常会无法处理。如果可以安排一个儿童可以预知的例程，帮助儿童了解接下来要发生或者要做的事情，就可以减少儿童的焦虑、挫败感，并增进和成人的互动。例如，设法确保每天在相同的时间做主要的例程，比如起床、进餐、休息、洗澡和上床睡觉，同时设法每次用相同的方式来做每件事情，比如上床睡觉：刷牙、换睡衣、讲故事（读故事书）、准备好睡觉。游戏的时候，也可以安排一些惯常，比如轮流玩等，也可以安排一个相对固定的时间作为你们的游戏时间。当然，我们并不是说自闭谱系障碍儿童的日常生活必须完全固定，适当的情况下，如果儿童可以接受，我们可以慢慢加入一些变化，同时当必须要做一件不同的事情时，比如旅行或者去看医生，建议在平时的干预或者游戏里通过模拟或者社会故事的绘本为儿童讲解，帮助他们预知可能要发生的事情。

✓ 限制令人分心的事物

关键是要确保儿童处于这个环境的时候，成人是房间里最具有吸引力的。可以考虑限制环境中可能会引发噪声（可能是很小的声音，但有时对于自闭谱系障碍儿童会是噪声）、嗅觉、视觉以及其他感觉的事物，增强儿童对于成人的注意力。比如关掉电视、把灯光调暗灯，从而减少分心，并且在最初游戏的时候，确保儿童面前只有少数有用的玩具。这些应该在儿童进入房间前就做好准备。有的时候，如果儿童特别容易被玩具或者其他声音干扰，你可以把多出来的玩具收好（放在布袋里或者盒子里），一次只拿一个玩具，并在游戏结束时把玩具拿走，帮助孩子关注你。

✓ 设置一个专门的游戏/活动空间

机构基本都会有一对一的游戏空间，以及其他功能的房间，包括集体小组教学、感知觉运动等活动的房间。而在家里，我们也应该为儿童设置一个房间或者一个空间，特别作为你和儿童的游戏场所。这个空间应该有一些边界，以便让孩子保持和你在一起，可以用家具来分隔一个较小的私密些的空间。有时候你也可以尝试这些空间，比如浴缸、餐桌下面(盖上毯子)等。

✓ 轮换玩具

很多自闭谱系障碍的儿童可能会对一个玩具的兴趣只维持几天或者几个星期，如果父母接着买更多的新玩具以设法让孩子继续参与，这种做法非常浪费，而且过多的玩具也会让儿童分心。因此我们可以通过轮换，来保持儿童的兴趣，可以把儿童的玩具分成几组，一次只用一组玩具，一旦儿童失去兴趣，可以收起来，换另一组玩具。这样当玩具 2～3 周轮换一次，并不断深入地让儿童玩这些玩具，了解如何玩，让儿童的兴趣趋向最大。另外也有很多自闭谱系障碍的儿童会特别热衷于某个玩具或者某类玩具，建议可以将这些玩具分别纳入不同的玩具组，在游戏的时候，用来吸引儿童的注意力，或者促进儿童与你的互动。

✓ 玩具的选择要考虑互动性

有家长会在家里面放置很多电动的玩具，比如按一下按钮就会闪光、会发出声音。很多孩子非常喜欢这样的玩具，这种带声音的玩具会吸引他们的注意力。可这样的玩具没有太多跟成人互动的机会，孩子自己按一下，可能就可以获得他想要的。而且这种玩法相对来说比较单调。其实，家长可以想一下自己小时候的玩具是怎样的。以前一些比较原始的玩具反而可能让孩子获得更多的东西。比如吹泡泡，有很多家长会买泡泡枪，如果孩子可以控制手部动作，那他/她一拿泡泡枪，就可以打出很多泡泡，他/她不需要跟家长进行互动就能获得自己想要的，自然就降低了互动性。可是像比较原始的、简单的那种吹泡泡，需要蘸一下才能够吹一个泡泡，在这个过程中就会有很多的互动机会。比如，你可以把拧着盖子的泡泡水递给孩子，孩子如果打不开盖子而他/她又想要吹泡泡，就会希望你帮忙打开，在这个过程中，他/她可能就要跟你去学习说“打开”，或者仅仅要求他/她跟你有眼神的接触，然后你才把它打开。甚至你可以示范打开的动作。除此之外，在吹泡泡的时候，你也可以鼓励孩子跟你沟通。这样就会有非常多的互动机会。除了这些传统意义上的玩具外，生活中其实有很多物品可以成为与孩子互动的媒介。最重要的是孩子感兴趣的，哪怕是路边的小石头、家里的浴巾、纸盒，都可以是增加互动的物品。家长要成为一个发现孩子兴趣、发现生活趣味、会玩的人！

最后，一起看看怎样可以促进早期干预的有效性[①]。

有效的早期干预需要很多因素共同作用，但无论如何，只要我们努力想办法改善儿童的成长环境，为儿童提供更多的学习机会，儿童就会获得发展的经验，不断成长。这里列出了一些比较关键的要素：

✓ 制定合理的干预目标

干预目标的制定，必须要基于对于儿童的全面了解，在综合系统的评估基础上，考虑到家庭的资源以及家长最关心和担忧的问题，这个目标要符合儿童的发展水平。

---

① Woods, J. (2008, March 25). Providing Early Intervention Services in Natural Environments. The ASHA Leader.

✓ 基于儿童的优势，基于家庭的优势

现在的早期干预很少用缺陷补偿作为目标，越来越强调基于儿童的优势、儿童的兴趣。特别是婴幼儿阶段，有些能力比如运动/感知觉缺陷可能需要进行专业的康复训练来补偿，但由于自闭谱系障碍的其他核心缺陷，包括沟通、社会交往和刻板行为等则需要环境的支持，以改善儿童的功能。

✓ 任务明确，回馈要具体有针对性

干预总目标需要进行分解，每周或者每个活动要求儿童习得的技能或者达成的目标要比较明确。一旦儿童能尝试或者接近目标，就要给予鼓励，并用清晰的语言或者肢体辅助让儿童明白你对他的期望。

✓ 成功体验非常重要！

我们都需要成功体验，不论是儿童，还是成人。有成功体验，才能让我们觉得我们是可以的！可以掌控周围的世界，这种感觉非常重要，会让我们不断地去努力和尝试。也有助于儿童的情绪保持积极状态，形成良好的自我概念。而自闭谱系障碍儿童的自我发展时常被我们忽视。

另外，尽可能多地带儿童参与其他同龄儿童也会参与活动的环境，包括去游乐场、超市等，带儿童乘坐公共交通等，也可以要求儿童帮家长做一些力所能及的家务，如把垃圾丢进垃圾桶等，关注儿童的运动能力（不仅仅是感统），让儿童尝试练习一项运动技能，也是非常关键的。总之，给儿童丰富的早期经验，创造多样的学习机会。

如果儿童进入普通幼儿园就读，上述要点家长可以与幼儿园教师沟通和分享，家校合作，通过环境的调整、了解儿童的兴趣和特征，共同为儿童的发展提供科学的支持。

17. 自闭谱系障碍儿童的干预方法有哪些?

关于自闭谱系障碍的干预和治疗,有许多不同的说法。迄今为止,有医学、认知、发展、心理、教育等多种干预模式及 100 多种干预方法。本节将先从行为主义导向、发展导向、结构化教学或者支持导向和临床导向这四个导向的自闭谱系障碍儿童干预方法进行介绍(表 17-1),然后介绍基于实证的早期干预方法。

一、行为主义导向、发展导向、结构化教学/支持导向和临床导向的干预方法

表 17-1 对行为主义导向、发展导向、结构化教学或者支持导向和临床导向这四个导向的自闭谱系障碍儿童干预方法进行介绍。

二、基于实证的早期干预的方法

目前对于“怎样进行有效的早期干预”这一问题的探索,大家比较认同的一些“基于实证的实践”(evidence-based practice)

表 17-1　自闭谱系障碍儿童干预方法

行为主义导向	发展导向	结构化教学/支持导向	临床治疗导向
应用行为分析（ABA）	地板时光（DIR/Floor time）	扩大和替代性沟通（AAC）	音乐/艺术干预（Music/Art）
离散单元教学法（DTT）	加强式情境教学法（Enhanced Milieu Teaching）	结构化教育（TEACCH）	职能治疗/感统（OT/sensory integration）
洛瓦斯模式（LOVAAS）	“不仅仅是语词”（More than words-Hanen）	视觉支持（Visual Support）	言语与语言训练（Speech and Language）
图片交换沟通（PECS）	人际关系发展干预法（RDI）		
关键反应训练（PRT）	社会交往、情感协调和动态支持模式（SCERTS Model）		
口语行为（Verbal Behavior）	多元活动本位干预（Activity-based Intervention，ABI）		

注：参考 www.autismspeaks.org 网上资源，作者加以补充。

原则，包括：

✓ 创造充满关怀的，有助学习的环境；

✓ 成人引导和儿童引导的平衡；

✓ 干预以完成有意义的目标为导向；

✓ 通过过程性评估检测儿童的进步；

✓ 发展并维持以家庭为中心、具有文化敏感度的关系。

2020 年，美国 NCAEP(National Clearinghouse on Autism Evidence and Practice)团队发表了最新版的《针对自闭谱系障碍儿童、青少年及成人的循证实践》[①]报告（以下简称报告）。Steinbrenner 等团队成员对 1990～2017 年的 61 147 篇与自闭症相关的循证研究的文献进行筛选，最终对 567 篇通过审核的文章进行总结报告。相较于 2014 版，报告对部分具有相似特征的干预方法进行了合并，总结得到 28 项循证干预实践。按照相关文献数量排列，分别是[②]：

(1) 提示(Prompting, PP)：通常是向学习者提供口头、手势或身体上的帮助，帮助他们获得或参与目标行为或技能。

(2) 强化(Reinforcement, R)：是应用某项技能或行为发生后所产生的后效，来增加学习者在未来情境中对技能或行为的使用。

(3) 视频示范(Video Modeling, VM)：是一种利用视频技术记录和展示目标行为或技能的教学方法。

(4) 自然情境干预(Naturalistic Intervention, NI)：是一个

① 参考来源：https://ncaep.fpg.unc.edu/

② 整理自 https://ncaep.fpg.unc.edu/和 https://www.sohu.com/a/410417561_312641

实践的整合，包括在学习者的课堂或家庭环境中，在日常常规和活动中实施的环境创设和互动技巧。这些练习以学习者的兴趣为基础，通过培养更复杂的、能够自然强化且适用于社交互动的技能，来促进特定目标行为。自然情境干预通常嵌入到学习者参与的活动和常规中。

（5）社交技能训练（Social Skills Training，SST）：是一种团体或个人教学，旨在教会学习者如何恰当、成功地参与到与他人的互动中。这可能包括与同伴、家人、合作者、社区成员和伴侣的关系。

（6）视觉支持（Visual Supports，VS）：是提供有关活动、常规或期望和（或）支持技能演示的具体提示。

（7）对替代行为、不相容行为或其他行为的区别性强化（Differential Reinforcement of Alternative，Incompatible，or Other Behavior，DR）：是一个系统化的过程，通过对行为的出现/不出现提供积极后效，来增加期望行为或减少非期望行为。它通常与其他循证实践结合使用，如辅助，来教授学生更被期待出现的或与干扰行为不相容的行为。

（8）家长执行式干预（Parent-Implemented Intervention，PII）：父母是对自己的孩子实施干预的主要人员。研究者需要在家庭或社区环境中，以个人或团体的形式教导家长。家长的角色是利用干预实践来教孩子新的技能，如沟通、游戏、自我帮助等，让孩子参与社交和互动，以及（或）减少挑战行为。父母接受培训后，对孩子实施全部或部分干预措施。

（9）认知行为/教学策略（Cognitive Behavioral/Instructional Strategies，CBIS）：教导学习者检视自己的思想和情绪，然后使

用逐步策略来改变他们的思想、行为和自我意识。

（10）基于前事的干预（Antecedent-Based Intervention, ABI）：包括为了改变或塑造学习者的行为而对环境进行的各种调整，通常在功能性行为评估之后实施。它可用于减少挑战行为，增加所期望行为或技能。

（11）扩大与替代沟通系统（Augmentative and Alternative Communication, AAC）：使用或教授儿童使用非言语、非声音的交流系统，包括辅助和非辅助沟通系统。非辅助沟通系统不使用任何材料或技术（如手语、手势等）；辅助沟通系统包括低技术系统（如交换图片或指向字母），高科技语音生成设备（SGDs）以及能使其他设备（如电话、平板电脑等）具有与 SGDs 相同功能的应用程序。

（12）基于同伴的教学和干预（Peer-Based Instruction and Intervention, PBII）：以同伴社交互动为主要特征。大多数情况下，学习者的同伴都是同一年龄段的典型发展儿童。在同伴介入式教学及干预中，同伴接受成人的培训或指导，以支持自闭症学习者的学习目标，其变体是以自闭症个体的兄弟姐妹为同伴（例如，手足介入式干预），但操作过程是相同的；还有一种形式是教师或其他成年人设置社会环境，并为学习者和同伴提供指导、辅助或强化，以促进他们参与社会互动。

（13）技术辅助教学和干预（Technology-Aided Instruction and Intervention, TAII）：是以技术为核心特征的教学和干预。这一循证实践更侧重于包括专门设计的或使用的、以支持学习者的行为或技能的学习或表现的技术。

（14）回合式教学法（Discrete Trial Training, DTT）：是一

种一对一的教学方法，用以计划、控制和系统地教授技能。DTT 的特点是包含重复的或集中的、有明确开始和结束标志的回合。在 DTT 中，前因和后效的使用经过仔细规划和实施。

（15）功能性沟通训练（Functional Communication Training，FCT）：侧重功能性沟通，对 3～11 岁自闭症儿童的沟通、社交、游戏、入学准备、适应技能和挑战行为均有积极影响。

（16）延迟（Time Delay，TD）：是一种在教学活动中系统地撤除辅助的方法。

（17）反应中断和重新引导（Response Interruption/Redirection，RIR）：是指在干扰行为发生时引入辅助、评论或其他中断因素，旨在将学习者的注意力从干扰行为中转移出来并使其减少。主要用于解决重复行为、刻板行为和（或）自伤行为。

（18）示范（Modeling，MD）：通过对一个期望的目标行为进行演示，从而引发学习者使用该行为并最终习得目标行为。

（19）自我管理（Self-Management，SM）：其积极效果主要表现在社交、入学准备、挑战行为等方面，对 6～14 岁自闭症儿童的自我管理能力的作用较大。

（20）消退（Extinction，EXT）：对自闭症个体的沟通、社交、共同注意、入学准备、适应技能、挑战行为均有积极影响。尚未有充分证据支持 EXT 策略在干预自闭症个体的游戏、认知、学业成就、职业技能、运动技能、心理健康和自我管理方面的效果。

（21）功能性行为分析（Functional Behavioral Assessment，FBA）：用于分析行为的功能，对 0～22 岁自闭症儿童、青少年、青年成人的多个技能领域均有效果，能够有效处理各年龄段个体的挑战行为。

(22) 社会故事(Social Narratives，SN)：通过描述社会情境，以突出目标行为或技能的相关特征，并提供适当回应示例的干预策略。

(23) 练习和运动(Exercise and Movement，EXM)：包括使用体力活动和(或)心智活动来形成各种技能和行为。练习可以作为一种前事活动来提高任务或行为的表现，也可以用来提高身体素质和运动技能；运动则包括体育或娱乐活动、武术、瑜伽或其他专注于特定运动技能和技术的锻炼。

(24) 任务分析(Task Analysis，TA)：是将复杂或"连锁"的行为技能分解为更小的组成部分，以便教授技能的过程。

(25) 行为动量干预(Behavioral Momentum Intervention，BMI)：是一种通过改变任务呈现，使那些需要较少费力的反应(即高概率的反应序列)发生在那些更困难的反应(即低概率反应序列)之前的策略。

(26) 直接教学法(Direct Instruction，DI)：是系统的教学和一种有序的教学包，利用脚本化的协议或课程，强调通过集体和独立的学生反应来实现师生对话，通过系统和明确的纠错来促进掌握和泛化。

(27) 音乐介入干预(Music-Mediated Intervention，MMI)：将音乐作为干预的一个关键特征。这包括音乐治疗，除了有计划地使用歌曲、旋律韵调和(或)节奏来支持目标行为和技能在不同环境中的学习或表现之外，还需要与训练有素的音乐治疗师建立治疗关系。

(28) 感觉统合(Sensory Integration，SI)：旨在培养人处理

并内部整合来自身体和环境的感官信息的能力，包括视觉、听觉、触觉、本体觉和前庭输入等。

某些干预方法没能达到循证标准的要求，不具备充足的证据，但在临床科学中是有所运用的，包括：动物辅助干预、听觉统合训练、合作训练、暴露疗法、按摩、培训矩阵、户外探索、感知动作、以人为本的规划、惩罚（不适当运用会涉及职业道德）、感觉套餐、系统化教育转衔。

以上罗列了很多有循证依据和没有循证依据的干预方法，但是希望大家不要把循证干预"神化"了，循证干预是我们在临床科学中需要遵循的守则，但不是一个非黑即白的黄金条例，循证干预的效果也因人而异，因此家长要辩证地看待这些方法，并综合多方面因素为孩子选择真正适合他们的干预方法。

18. 如何辨别各种不同的自闭症干预方法的有效性?

Thomas Zane 和 Cheryl Davis(2008)[①]在其论文中讨论了自闭谱系障碍儿童的家长在干预上令人担忧的消费状况。家长希望孩子越来越好甚至"痊愈",所以会让孩子进行很多干预,这也就让很多所谓"时髦""流行"但却没有实证依据的干预方法有了市场。有问卷结果显示家长平均会同时尝试多达7种干预手段。如果孩子同时开展多种干预方法,那家长根本无从查证哪种方法有效,哪种方法无效,很有可能误以为那些"时髦""流行"的干预方法是有效的。如果家长盲目尝试那些打着"科学""包治愈"等名号,但实际并没有实证依据的干预方法,会有以下消极影响:

1. 耽误孩子干预的时机

干预越早越好。儿童早期是个体大脑发育速度最快的一个时期,可塑性最强,此时给予适当的干预,将起到事半功倍的效

---

① 资料来源:http://psycnet.apa.org/journals/eib/5/2/44.html

果。可如果家长“病”急乱投医，不仅折腾孩子，还耽误了孩子的干预时机。

2. 浪费物质资源

一些没有实证依据的干预方法在宣传的时候给家长虚假的希望，宣称可以起到显著的干预效果，甚至宣称可以“治愈”。有的家长就不顾一切，卖房卖车、倾家荡产也要去尝试，最终浪费了太多钱在这些干预方法上。自闭症之声在介绍美国自闭症职业发展中心的实证有效的干预方法报告说，使用实证有效的干预方法，能够使干预的花费减少三分之二[①]。

3. 给家庭带来精神损害

对那些打着“科学”“包治愈”等名号，但实际并没有实证依据的干预方法，家长一开始是满怀希望的，可一次次的不如意，会让家长更加心灰意冷，甚至放弃任何干预。而且对于孩子来说，长期接受那些无效甚至有害的干预方法，对孩子的身体、情绪都会产生消极影响。

那么，哪些才是有实证依据的干预方法呢？

美国有许多权威机构都做出了这方面的研究报告，而其中影响最大的实证有效的干预方法研究是美国国家自闭症中心(National Autism Center)、美国自闭谱系障碍职业发展中心(The National Professional Development Center on Autism Spectrum Disorder)这两个组织进行的。

---

① 资料来源：https://www.autismspeaks.org/science/science-news/more-autism-therapies-prove-their-worth

2015年，美国国家自闭症中心发布了最新的“国家标准计划（第二版）”（National standard Project 2）①，合并国家标准计划第一版后（NAC, 2009），将干预方法分成三大类，即已建立了实证基础的“成熟方法”（Established Treatments）、正在建立实证基础的“尚在论证中的方法”（Emerging Treatments）和尚未建立实证基础的“不成熟的方法”（Unestablished Treatments）。2020年，美国NCAEP团队发表了最新版的《针对自闭谱系障碍儿童、青少年及成人的循证实践》报告，总结得到28项循证干预实践。这28种干预方法在上一问“自闭谱系障碍儿童的干预方法有哪些”中已详细罗列，在此不再赘述。

关于自闭谱系障碍的干预和治疗，迄今为止，有医学、认知、发展、心理、教育等多种干预模式及一百多种干预方法。而自闭谱系障碍儿童的个体差异较大，他们会有行为、认知和学习风格、语言发展、兴趣爱好、能力水平等方面的不同，所以没有一种干预方法可以适用于所有自闭谱系障碍儿童。那么，就需要家长练就一双“火眼金睛”，去判断和筛选适合孩子的干预方法。有几点建议可以提供给家长：

- ✧ 以儿童为中心，注重个性化，基于科学评估，结合孩子的优势、兴趣、需求等自身情况选择适合孩子的干预方法。
- ✧ 有效的干预方法都会积极重视家长的参与和家长的培训，重视儿童的发展环境。

① 资料来源：http://www.nationalautismcenter.org/national-standards-project/phase-2/

- ✧ 整合的、自然的、有意义的干预内容非常重要，无论何种方法，干预的内容应该是对于儿童的发展有意义的，目标要具有功能性。
- ✧ 选择干预方法时，尽量不要受其夸大的干预效果所诱惑。一些高大上的理论方法，一些高大上的词汇，一两个所谓成功的案例，可能会让家长趋之若鹜，但是家长要深思慎行，没有任何一种干预方法是“放之四海而皆准的”，而自闭症儿童的教育干预也是一个终身的过程。
- ✧ 警惕一些无效甚至对孩子有害的干预方法“换名出售”。

19. 家长觉得很焦虑、压力很大，应该如何进行调整？

当得知孩子有自闭谱系障碍后，很多家长可能会突然感觉生活和预想的全然不同。本来准备迎接最可爱的小天使的家长会失落和难以置信，更多的是对孩子未来生活的担心，对自己和自己家庭如何调整、适应这一变故的忧虑。家长的这份困惑、茫然和焦虑是十分正常的，相关研究显示自闭谱系障碍儿童的家长在得到孩子的诊断后通常要经历否认、愤怒等情绪后才会慢慢接受和适应。但是，家长不能一直任由心中的这些担心、难受、焦虑将自己包围，而应该对自己的负面情绪做一些积极的处理。这对于儿童和家庭都有着十分重要的影响。如果家长能调整好自己的情绪，以更加积极、乐观和有活力的姿态面对自己的孩子和家人，也会促进教育干预的良性循环。特别要强调的是，儿童初期诊断后，最需要支持的首先是家长和家庭，然后家长才能做出恰当的决策，为儿童选择和争取更多的教育干预资源。

一、自我调节

第一，接纳是改变的第一步。孩子患有自闭谱系障碍并不是孩子或家长可以选择的，每个孩子对于父母来说都是独特和奇妙的存在，自闭谱系障碍只是孩子伴随的特征，虽然对父母的养育会带来更多的挑战，但父母对孩子的爱、关心和支持应该是一样的。家长可以通过和教师、医生等相关干预者共同讨论，了解自己孩子在学习、社交等各方面的特征和需要，对孩子的发展和未来规划作出合理的期待。

第二，给自己时间去接受和适应孩子有自闭谱系障碍的情况，同时，开始寻找科学恰当的信息，对自闭谱系障碍进行深入了解，并更多关注"我和孩子做到了什么"以及思考后续可以做的内容。①

第三，给自己留一些时间和空间，做自己喜欢的事，花时间和自己的朋友一起。孩子确诊后，许多父母可能觉得必须把醒着的每分每秒都花在孩子的干预上。但是，我们只有照顾好自己，才有力量去支持孩子。即使每周只有一段非常短暂的时间，也要做些让你愉悦的事情，这有助于补充你的能量，保持积极乐观的心态。

第四，夸奖自己，给自己一些正能量。完成自己制定的目标后，给自己一些积极的反馈，你将会发现自己和伴侣拥有强大的内心力量，这些都是你们之前从未了解的。你将会体验彼此从未分享过的快乐，你们走在一条与之前的期望完全不同的路上，

---

① 苏雪云(2014).如何理解自闭谱系障碍和早期干预.北京：北京大学出版社，70，74.

但是这可能带给你新的学习、分享和建立亲密关系的机会。并且还可以时常简单记录一些你学习到的事情——看看你走过的路和在面对压力时得到的成长①。

最后，学会构建和利用身边的支持网络：向配偶、家人、朋友寻求情感上的支持，或者帮助你分担一些压力；向其他有经验的家长咨询，了解他们的心路历程，从而带给自己启发和力量；寻找一些心理学情绪调节方面的书籍，学会放松自己的心情，调整自己的状态。

二、专业帮助

当尝试了各种通常的方式后，仍无法较好地调整自己的心理状态，建议家长去寻求专业的帮助。尤其是出现睡眠质量下降、无法控制自己的消极想法、没有食欲、比平时更易发脾气等表现，甚至产生生活没有意义的想法时，家长更应该寻找专业帮助（如心理医生、心理咨询师），从而更好地调节自己的状态。

---

① 萨莉·J.罗杰斯，杰拉尔丁·道森，劳里·A.维斯马拉.孤独症儿童早期干预丹佛模式[M].张庆长，等，译.华夏出版社.2016：42.

20. 目前政府对自闭谱系障碍的融合教育有哪些相关的支持？

近年来，国家和各地政府已经越来越重视特殊儿童的教育、安置和康复问题。部分省市也在做一些本土化的探索，比如上海市连续多年提出的医教结合，上海各个区在自闭谱系障碍的早期评估、早期诊断、早期干预、随班就读支持以及义务教育阶段之后的支持等方面都在进行一些研究和实践。

一、早期干预和康复支持：请到当地残联（残疾人联合会）咨询

2006 年，中国将自闭症列为精神残疾，自闭症者被纳入相关的保障体系，可由于中国残疾人的社会福利和保障水平整体不高，许多自闭症者及家庭的处境仍非常艰难。但近年来残联系统越来越重视特殊教育的财政投入，开始为自闭谱系障碍儿童提供康复和干预的经费补助，也都在努力创建专业的自闭谱系障碍儿童早期干预和后续的康复治疗的机构。

中国残疾人联合会从 2011 年开始施行“贫困孤独症儿童康

复救助项目”，《残疾儿童康复救助“七彩梦行动计划”实施方案》中明确指出[①]，资助对象应符合以下条件：经卫生部门认定的诊断机构确诊的孤独症儿童；年龄 3～6 周岁；资助对象为符合条件的城乡有康复需求的贫困孤独症儿童，其中优先资助城乡低保家庭的贫困孤独症儿童。资助标准：中央财政对康复训练按每年人均12 000元标准给予补助。项目的实施范围：各省（自治区、直辖市）选择有一定工作基础和服务能力的城市，确定符合标准的康复训练定点机构，采取“康复救助卡”的方式，2011～2015 年为 36 000 名贫困孤独症儿童提供康复训练服务。

北京市主要根据《北京市残疾儿童少年康复补助办法》，自闭谱系障碍儿童康复可享受补贴，16 岁以下的京籍残疾儿童少年凡在社区卫生服务中心、乡镇卫生院等接受康复诊疗，每年可以获得 1 000 元康复补助，并可免费配发生活自助类辅助器具。如果年龄在 7 周岁以下，康复补助标准更高；在指定康复机构接受康复训练的，可按照实际发生费用，给予每人每月最高不超过 500 元的补助；低保家庭残疾儿童还可获定点机构免费康复训练。此外，北京市残联、市教委联合启动了“送教上门”服务项目，自闭谱系障碍孩子可在自愿的基础上，通过学校教师和大学生志愿者“家教”的形式完成学业。[②]

上海市残联的相关政策规定，向包括自闭谱系障碍在内的五类 0～7 岁残疾儿童提供特殊康复服务，只要经过认定，儿童

---

① 《残疾儿童康复救助“七彩梦行动计划”实施方案》http://www.gov.cn/fuwu/cjr/content_2630753.htm.2013-07-04

② 中国百万自闭症患儿受关注　政府给予政策支持.新京报.http://www.liaofan9.com/news/arc/2035.html. 2010-04-02

就可以得到残联颁发的阳光宝宝卡，自闭谱系障碍儿童在指定机构训练每人每年可以得到24 000元的康复补贴，而近两年上海更是扩大了补助范围，16周岁以下符合要求的自闭谱系障碍儿童每年都可以得到一定的康复补贴。

广州市残联已经在下属的广州市残疾人康复中心创立了自闭谱系障碍训练基地。基地是由广州市残疾人康复中心与中山大学附属第三医院儿童发育行为中心共同倡导成立，为自闭谱系障碍儿童和家庭提供专业化的多学科合作的早期干预和康复服务。

二、特殊教育和促进社会融合：请到当地残联/特殊学校/特殊教育指导中心等咨询

特殊教育是指为自闭谱系障碍儿童和各类特殊需要儿童提供特别设计的课程，通过个别化的教育方法和策略，来促进儿童的发展的一种教育形式。

从各个年龄段而言，目前中国自闭谱系障碍儿童在入学问题上可以进行的选择有：

幼儿园阶段可以考虑全日制教育干预机构、全日制特殊幼儿园、全日制普通幼儿园或者幼儿园与机构相结合。这些需要根据儿童的发展水平以及家庭的需要来决定。特别值得一提的是，目前很多特殊学校（主要是培智或者辅读学校）以及公立的早教中心也会为社区开展一些相应的早期干预服务，包括评估、个别化干预和家庭指导等。

小学和初中阶段可以考虑去特教学校或者进入能够接受自闭谱系障碍儿童的普通学校随班就读。需要提醒的是，目前进入初中之后学业压力会明显增大，家长一定要仔细考虑儿童的能力是否能承担。

义务教育阶段结束后，中国对于自闭谱系障碍儿童尚无明确的安置方法，但随着社会对自闭谱系障碍群体越来越多的关注，有许多组织和机构正在探索义务教育阶段以后自闭谱系障碍儿童的安置问题。

更多具体的相关政策和流程，家长可以联系咨询所在地区的残联、特殊教育指导中心或者特殊学校。

21. 我的孩子可以上普通学校吗？

自闭谱系障碍儿童能上学吗？这个问题的答案，不仅仅取决于孩子的障碍程度，而是取决于整个环境的支持程度；环境也不仅仅限于物理环境，还有人际关系环境、文化符号环境。我们有时候会谈到“无障碍”，其实自闭谱系障碍儿童的就学，何尝不也需要一条“无障碍之路”呢？图 21-1 的插画很有意思，一位肢体障碍人士获奖了，颁奖者让他到讲台上去领奖，但并没有“无障碍之路”可以通往讲台。不论是肢体障碍还是自闭谱系障碍抑或其他障碍类型，跳出“医疗导向的残疾观”认为的“残疾”是个体自身生理的疾病或者缺陷，从更宏观的角度，障碍也是与个体所处的文化环境息息相关。如果环境没有障碍，给予充分的支持，每一个自闭谱系障碍儿童都可以上学！

2020 年 6 月最新颁布的《教育部关于加强残疾儿童少年义务教育阶段随班就读工作的指导意见》中也强调，“同等条件下在招生片区内就近就便优先安排残疾儿童少年入学。为更好保障随班就读质量，可以选择同一学区内较优质、条件更加完善的普通学校作为定点学校，相对集中接收残疾儿童少年入学。”①

图 21-1

那自闭谱系障碍儿童可以去哪里上学？这个问题并没有标准答案。许多家长希望自己的孩子能够进入普通学校，并且融合教育也是目前发展的大趋势，但在选择学校时，家长还是要以儿童的实际能力为前提，同时考虑到不同学龄阶段、不同学校的特点以及各所学校所能提供的支持，选择真正适合自己孩子发展的安置方式。

一、学前阶段

一般来说，学前阶段的教育安置方式有以下几种：学前特教中心（有的会设在某一所幼儿园内）、特殊幼儿园、普通幼儿园

① 《教育部关于加强残疾儿童少年义务教育阶段随班就读工作的指导意见》（教基〔2020〕4 号）2020-6-22. http://www.moe.gov.cn/srcsite/A06/s3331/202006/t20200628_468736.html

(融合或特教班)、特殊学校(学前特教班)及送教上门。也可以考虑去全日制教育干预机构，或者在条件允许的情况下将幼儿园学习与机构干预相结合。

✧　幼儿园入园的相关信息①

(1) 幼儿园的类型

一般来说，幼儿园分公办和民办两种，其再按一定标准分为示范、一级、二级、三级、未定几类。

(2) 招生时间

一般来说，公办幼儿园根据区域政策，会在特定时段统一招生(上海的公办幼儿园是每年4、5月开始招生)，民办幼儿园则基本上不做过多限制，有的可全年招生。

(3) 收费标准

各公办幼儿园、公办各级之间无较大差别，示范幼儿园稍高。政府指导价(仅供参考)：175元/月(二级)，225元/月(一级)，400～700元/月(示范)。

民办幼儿园的收费标准由园所根据办学成本、办学质量自行制定，并在相关机构备案，费用差异相对公办要大一些(市场调节价)。

(4) 特殊儿童入园指南

特殊儿童包括自闭谱系障碍儿童的家长如果想进一步了解入园信息，可参考各区教育局的儿童入园政策。比如上海市普陀

① 参考信息来源：https://baijiahao.baidu.com/po/feed/share?wfr=spider&for=pc&context=%7B%22sourceFrom%22%3A%22bjh%22%2C%22nid%22%3A%22news_3982490685106049903%22%7D

区公布《2016 年普陀区需接受特殊教育的儿童入园指南》[1]，详细介绍了从现场报名、医学诊断、专家评估到录取安置的操作流程。

二、义务教育阶段

可以考虑去特殊学校或者进入能够接受自闭谱系障碍儿童的普通学校随班就读或特殊班学习。

随班就读的学生不一定必须具有残疾证，除非是在小学五年级和初中阶段想要新申请随班就读。但是必须要有残联部门指定的残疾鉴定医疗机构的鉴定。以上海为例，残联部门指定的残疾鉴定医疗机构有上海市精神卫生中心、复旦大学附属儿科医院、上海市儿童医学中心、上海市儿童医院。至于随班就读的办理流程，图 21-2 以上海市长宁区公布的办理随班就读流程为例。各区县之间可能略有差异，建议家长联系本区特殊教育指导中心咨询入学的相关政策和流程，如本区哪些学校可以招收自闭谱系障碍儿童、随班就读的申请条件及相应的认定流程是什么。（上海各阶段特殊教育学校信息可参见 http://www.spe.edu.sh.cn/fengcai.aspx）

除了随班就读之外，浙江省也在探索“卫星班”的教育安置模式。卫星班是介于特教学校与辅读班之间的一种分类安置形式，是为满足特教学校教学发展需要和某个区域特殊学生的就学需求，根据“资源集中、就近辐射、双向协同”的原则，在周边镇

---

① 关于 2016 年普陀区学前教育招生工作的实施意见.http://www.pte.sh.cn/PuTuo.Portal/Home/Detail?infoId=dc6769b8-562b-4c69-8c57-6a04e3aeb247.2016-4-15.

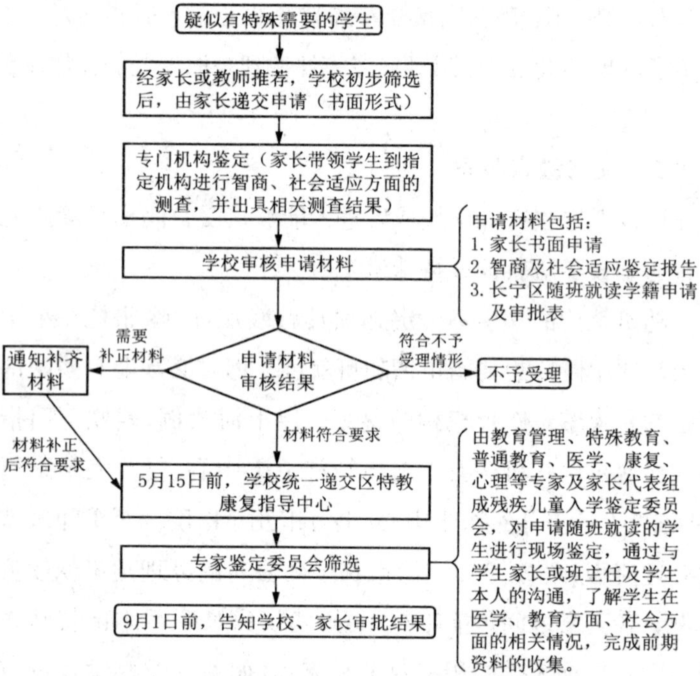

图 21-2　上海市长宁区随班就读办理流程①

街的普通学校内延伸设立的特殊教育教学班；主要招收智障、脑瘫、自闭症等适龄特殊学生，按照相关程度进行教育训练。卫星班特殊学生生均公用经费按当地同级普通学校生均公用经费的10倍以上拨付。每个卫星班实验点由省教育厅一次性拨付50万元建设经费②。

---

① 上海市长宁区随班就读办理流程 http://zwdtcn.sh.gov.cn/details/126

② 《国家中长期教育改革和发展规划纲要》中期评估特殊教育专题评估报告 http://www.moe.edu.cn/jyb_xwfb/xw_fbh/moe_2069/xwfbh_2015n/xwfb_151130/151130_sfcl/201511/t20151130_221728.html.2015-11-30.

此外，未来也有可能会在一些区县建设专门的自闭谱系障碍特殊教育学校（部）。但舆论对此也是有争议的，不仅仅因为融合教育是目前的大趋势（自闭症学校相当于变相的隔离），还因为一所学校如果招收的全部是自闭谱系障碍学生，对学校管理、运营、教师的挑战都会是巨大的。所以家长在选择此类安置方式时需要谨慎。

三、义务教育阶段后

义务教育阶段结束后，目前中国对于自闭谱系障碍儿童尚无明确的安置方法，但是随着社会对自闭谱系障碍群体越来越多的关注，目前有许多组织和机构正在探索义务教育阶段以后自闭谱系障碍儿童的安置。如果孩子的学业水平达到进入高中职学校的入学条件，可以考虑继续升学，甚至接受高等教育。也有的地方在探索庇护性就业和支持性就业的就业模式。此外，关于大龄的自闭谱系障碍人士，也有一些托养机构在做探索。上海从 2005 年开始一直在推动“阳光之家”的建设。“阳光之家”是一个接纳智力障碍人士进行康复训练、教育培训、简单劳动的场所，它也是帮助相关人士融入社会的一个窗口。如果自闭谱系障碍儿童符合“阳光之家”的学员招收标准，家长也可以考虑将之作为一种安置方式。

无论是在哪一个教育阶段，家长选择的教育安置方式应是符合儿童的身心发展水平，能为儿童创建最适宜的教育环境，给儿童带来发展的学校。

22. 家长如何成为一个积极的沟通者？

虽然我们的整个社会对于自闭谱系障碍的了解或者认识可能还不够深入，大众对于自闭谱系障碍个体的包容和接纳还需要很多努力，但很多时候我们可以从身边开始，因为自闭谱系障碍儿童很多时候在社会交往和沟通上存在障碍，他们更需要在这一领域获得支持，而一个积极的、友善的生活环境（包括幼儿园/学校、所生活的社区等）是非常重要的。

首先，我们需要跟配偶之外的家庭成员进行沟通。如果你和你伴侣的家庭都前来支持，他们也熟知你的担忧、儿童的评估进程，给予你支持并分享最初获悉儿童诊断后的情绪，给予安慰和劝解，那么无疑这将是儿童未来发展过程中非常重要的资源！他们是你支持系统中的强大部分，会在你逐步适应的过程中给予你帮助。告知他们想要知道的、你能够提供的所有信息。让他们给你一些帮助。让他们帮忙照看孩子。大家庭的各个成员分担得越多，越能为你提供持续的关怀、支持和鼓励，越能给儿童带来恰当的积极影响，那么调整的过程也会越顺利。

然而，也有研究发现[①]，大家庭的各个家庭成员可能也会经历与自闭谱系障碍儿童的父母相似的情感历程，或者存在一些不同的育儿观念等，而导致一些争论。他们可能情感上不想看到儿童具有的问题，当你开始接受的时候，他们会对你的看法进行否定，他们可能会告诉你"你担心的太多了！""你的期望太高了，男孩开口说话都会迟一些，他爸爸也是3岁才开后说话呢。""你为孩子做那么多是在宠坏他。"这些可能会让你犹疑不前，但总体来说，随着时间的推移，会慢慢缓解。

家庭支持将是自闭谱系障碍儿童家长，特别是母亲最重要的支持资源。与家庭成员积极沟通，成为"队友"，共同为儿童的发展创造一个良好的家庭环境。

其次，从最好的朋友开始，特别是那些可能分担你的忧虑并提供情感支持的朋友交谈。他们可能会比较容易理解你所经历的困难，而且同龄的朋友可能也有孩子，本来将是你家孩子的同伴，如果能获得他们的支持，这将是你能为孩子创设的一个非常好的社会交往的支持环境。还可以一起带孩子们出去，多给予儿童一些支持，特别是当对方有语言和认知发展较好、社会性也比较好、友善的姐姐或者哥哥，可以简单地解释什么是自闭谱系障碍，在相互游戏的时候，给予一定的支持。

第三，对学校的老师和社区内比较熟悉的人，当你能接纳自己的孩子患有自闭谱系障碍，并且做出积极努力的时候，可以变被动为主动。我们很多时候会担心别人看到自己孩子"奇怪"的

---

① Su, X.Y., Long, T., Chen, L.J., & Fang, J.M.(2013). Early Intervention for Children with ASD in China: A Family Perspective", *Infants and Young Children*, Vol 26(2):111—125.

行为而投来无法理解的目光，担心别人在背后的议论。作为孩子的父母，我们必须坚强起来，可以告诉他们，我的孩子学习有点慢，或者直接跟周围的人解读孩子的行为，“这是他第一次做这件事，他这样是表示他很兴奋……”如果父母觉得自己所在的社区或者学校的教师比较包容而且可以提供相应的支持，也可以开门见山地与他们谈论自闭谱系障碍。日本电视剧《与光同行》里患有自闭谱系障碍男孩光的妈妈，就做了简单的一页宣传纸，发给周围的邻居和同学，以帮助大家来理解光，学会与光进行沟通和相处。①

很多时候，要建构一个自闭症融合社区/学校/班级，需要家长在第一线，通过积极正向的沟通策略，帮助周围的人了解自闭症，进而理解儿童的各种行为，并能接纳儿童的差异，共同为儿童的发展提供支持。

当然，除了以上几点，家长更要学会与孩子沟通。家长是孩子非常重要的沟通对象。一方面，家长能够做到共情，理解自闭谱系障碍儿童如何体验和理解世界，密切关注和恰当解读儿童的行为，如实理解儿童的心态感受。另一方面，观察、反思儿童行为产生的原因。很多时候家长只关注儿童的行为，却忽略了行为发生背后的原因，可以尝试与孩子沟通，再加上持续观察，了解行为背后的原因。

还有一点非常重要，沟通是双向的，我们要关注孩子的沟通意愿，也要努力让自己成为一个更好的沟通对象。有一点

---

① 苏雪云(2014).如何理解自闭谱系障碍和早期干预.北京：北京大学出版社，95—97.

是家长经常忽略的，那就是儿童的非言语的沟通（比如手势、眼神、动作、表情等），在有效的沟通过程中起到的作用并不亚于口语的作用。因此当儿童口语发展滞后，也可以尝试辅助沟通（AAC）来帮助儿童发起和维持有效的沟通，促进儿童语言和认知的发展。

23. “融合教育，我们准备好了吗？”

“我的孩子是不是要准备好了，要掌握了一定的基础能力才能去融合？”不少家长以及一些自闭症干预机构的从业人员会认为，自闭谱系障碍儿童首先应该接受大量的个训和一对一干预，等“能力出来了”，再去融合。

但对于自闭谱系障碍儿童来说，一方面他和其他典型发展儿童一样，从一开始就准备好了，如果我们的幼儿园和小学可以提供一个高质量的教育环境，可以为他们提供支持，他们无需先把自己“治好”，才拥有入学的权利和机会；另一方面，他和其他典型发展儿童一样，从一开始也没有完全准备好，因为进入幼儿园，三年的学习和活动经验，就是为了未来的学习和人生做准备的，儿童需要在集体环境中的各种丰富的活动里不断成长，没有任何一个孩子是做好完全的准备再入学的。

国内有多所办学经验超过十年的融合幼儿园，也有专门为自闭谱系障碍儿童设置的融合幼儿园。很多孩子初进入集体环境的时候，不听指令，无法安坐，在专业教师的教导和融合小伙伴的支持下，谱系儿童即便自身能力很弱，也可以慢慢适应环境的要求。义务教育阶段的环境和学习要求比幼儿园更高,儿童自身的能力确实是影响融合教育质量的关键,教师们都希望进入普通学校学习的自闭症儿童,首先要情绪平稳、行为上可以遵守常规,不会影响教学;其次要有基本的自我照料能力和安全意识;然后具备基本的沟通能力、社交能力①。学业要求总是被放在最后,当然,如果儿童具备学习能力,这对于他们适应环境、参与课堂学习是非常有益的。

因此,我们要关注自闭谱系障碍儿童的入学准备度,而不仅仅是孤立的知识点的学习。入学准备综合来看包括:强调儿童学习的准备;强调儿童适应学校的准备;强调儿童对学习和对学校的准备;强调学校适应儿童,社区和教育环境影响儿童发展等。其中前三者关注儿童自身内部对未来学校生活的准备,而最后者则关注外部环境的作用。

从关注儿童自身准备的角度来看,是儿童为满足学校各种要求的最低准备水平,包括身体健康和福祉,与学业成功相关的社会情感发展,语言技能和理解力以及常识和认知。②

从关注外部环境的作用来看,Piotrkowski 等人认为入学准备是帮助儿童顺利完成入学过渡的资源,包括个人、组织、社会、

① Xueyun, S., Jiajun, G., & Xiaohui, W.. (2020). Different stakeholders' perspectives on inclusive education in China: parents of children with asd, parents of typically developing children, and classroom teachers. *International Journal of Inclusive Education*, 24:9, 948—963.

② High, P.C. School readiness and the committee on early childhood, adoption, and dependent care and council on school health. [J]. American Academy of Pediatrics, 2008:121, e1008—e1015.

教育、政治等方面的资源①。

因此，并不是儿童准备好了，才开展融合教育，而是融合教育是为了帮助儿童更好地准备，为了未来的学业，也是为了未来的就业和生活，为了自闭谱系障碍儿童能融入社区和社会。

① Chaya S. Piotrkowski, Michael Botsko, Eunice Matthews. Parents' and Teachers' Beliefs About Children's School Readiness in a High-Need Community[J]. Early Childhood Research Quarter1y, 2000, 15(4):537—558.

第三部分
自闭谱系障碍儿童融合教育的学校支持

24. 如何创建一个包容支持的校园/班级环境?

前文中我们提到,障碍只是相对环境而言,环境没有障碍,这些孩子自然可以上学。而学校支持是融合教育支持体系的核心。自闭谱系障碍儿童在融合环境中可能会遇到沟通障碍、人际交往困难、情绪行为问题等挑战,这就需要一个包容支持的校园/班级。在这里,校园/班级环境包括物理环境和心理环境。

一、物理环境

物理环境的设计与调整可以参考表 24-1 教学环境设计的层面和内涵以及表 24-2 环境调整的策略。但每一个自闭谱系障碍儿童都是不一样的,他们的需求和挑战都会有差异,所以实际中还需根据每一个孩子具体的情况作出相应的调整。

表 24-1　教室环境设计的层面和内涵①

层　面	内　　涵
教室外观和空间运用	1. 教室不要安排在过于嘈杂的位置 2. 增加教室物理环境、设备和器具的安全性，以避免危险与伤害（例如：避免有尖角的器具、桌椅尖角处贴上护套） 3. 增加学生对教室布置、设备和器具的熟悉度（例如：告知学生教室的布置情形，如果有调整或新的设备加入也要提前告知） 4. 考虑学生的需求设计桌椅（例如：有的谱系孩子因为触觉敏感的原因而不喜欢特定材质的桌椅，那么学校可以考虑进行桌椅调整）
座位安排	1. 座位安排在教师容易监控与协助的位置 2. 座位安排在同伴易协助的位置 3. 座位安排在不易分心或受干扰的位置 4. 根据孩子的特性将座位安排在靠近/远离黑板的位置（比如：有的孩子偏好/反感粉笔写字的声音） 5. 配合学生的身高安排桌椅
环境布置	1. 注意物理环境因素的安排（例如：采光、温度、通风、色彩等因素），以增进学生对信息的接收和学习 2. 减少那些可能会让学生产生焦虑不安或其他情绪行为问题的物理环境因素 3. 减少环境中噪音或诱发分心的刺激，以增进学生的专注力 4. 提供结构化且多样化的教室环境 5. 提供回馈的教室环境 6. 让学生一起参与布置环境 7. 教室布置与教学内容、学生需求和兴趣相配合，并且能做弹性调整 8. 提供能让学生操作和使用、弥补其限制的学习环境 9. 安排能引起学生兴趣的器材，以供他们在课余时间使用或休闲

① 钮文英（2009）.拥抱个别差异的新典范——融合教育.台北：心理出版社，p.287—288.

表 24-2　环境调整的策略①

类型	调整策略	目　的	举　例
在环境中增加	丰富化	提供灵活、多样化的空间安排，使个体有多种的刺激和选择，并且能操作和使用，以减少因无聊和厌倦而产生的行为问题	1. 在教室一角放置图书、各式玩具等 2. 在教室一角放置小舞台、各种玩偶和道具等 3. 播放轻松愉快的音乐，营造环境气氛
	扩大	扩大环境至外界，减少因环境受限制，或限制时间过长而产生的行为问题	1. 把孩子带到体育馆、操场等 2. 把孩子带到可以大声喊叫的场所
在环境中减少	去除	减少环境的刺激，以减少分心或受干扰的情况	1. 在学生做作业时，减少干扰的刺激，不做分散其注意力的行为 2. 教室内面对黑板方向的布置最好不要太杂乱，以免分散学生的注意力
	限制	限制行为发生的环境，以预防行为问题的发生	1. 指定某区域进行某种活动 2. 限制学生于同一时间在同一地点的人数 3. 为设备或玩具的使用编制轮流表
把环境变化	简易化	从学生的角度去安排环境，降低环境的复杂度，使个体容易取得和使用，以符合人性化的原则	1. 在学生使用的设备或玩具上标示使用方法和规则 2. 在抽屉或橱柜上贴标签，便于学生归类整理 3. 在洗手池的墙上贴视觉提示图，提示洗手的步骤

① 钮文英(2009).拥抱个别差异的新典范——融合教育.台北:心理出版社,p.289—290.

（续表）

类型	调整策略	目　　的	举　　例
把环境变化	改变位置、属性或模样	改变环境的物理条件、布置和气氛等，或将环境中的设备或器材变换模样，以增加安全性，减少干扰性	1. 将玻璃杯改成塑胶杯 2. 关门时避免声音过大的设计 3. 调节室内色彩、光线等
在环境内计划	系统化	对环境事先做系统规划，以预防行为问题的发生	1. 对将发生的事件或活动提前公布计划，并说明准备事项和规则等 2. 安排日程表，例如一天内需要完成的任务 3. 在醒目处贴上学生该完成的工作流程图、课表，或生活作息表 4. 教室布置随教学内容、学生需求做弹性调整
	提供回馈	在环境中提供回馈的机制，增强学生的适当行为	1. 张贴学生的作品于展示栏中 2. 张贴学生良好的行为表现一览表于公布栏中

二、心理环境

钮文英[①]提出要从营造让学生有安全感、能提升学生自我价值感和归属感、自由和喜悦的环境，以及公平和关注的班级气氛五方面，探讨融合班级心理环境的营造。这与马斯洛需求层次理论有相似之处。马斯洛理论把需求分成生理需求（Physio-

① 钮文英(2009).拥抱个别差异的新典范——融合教育.台北：心理出版社，p.293—299.

logical needs)、安全需求(Safety needs)、爱和归属感(Love and belonging)、尊重(Esteem)和自我实现(Self-actualization)五类，依次由较低层次到较高层次排列。这不仅仅是典型发展儿童的需求，自闭谱系障碍儿童也同样有这样的需求。所以包容支持的校园环境应该考虑心理环境的营造，包括：营造让学生有安全感的环境、营造能提升学生自我价值感的环境、营造能增进学生归属感的环境、营造自由和喜悦的环境、营造公平和关注的班级气氛。

当然，营造这样的心理环境，需要政策的推动、校长的倡导和监督、教师态度和理念的转变，还有同伴的引导和支持。

不论是物理环境还是心理环境，包容支持的校园环境的建立是一个复杂的过程，需要政府、学校以及家庭等多方面的配合。它绝不可能仅仅依靠个体就能实现，更需整个系统的态度和方法的转变。

25. 高质量的融合教育对教师有什么要求？

中国目前还没有融合教育教师的资格证制度，实际上从广义的特殊教育需要儿童来讲，几乎每个班级都会存在需要特殊支持的学生。中国学者对于教师对随班就读和残疾儿童的态度和信念研究很多，得出的结论是教师的态度总体积极，但对于儿童进入自己班级后的信心不足，主要是教师担心自己缺乏提供个别化教育和差异教学方面的专业技能，以及担心缺乏针对学生的个别化需要来调整课程和教学的实践能力。①

美国特殊幼儿协会下属的幼儿分会（DEC）与全美幼儿教育协会（NAEYC）曾提出希望融合教育中的教师和工作人员具备的理念和要求，虽然存在体制和文化差异，但还是有一些参考价值的。

---

① Xueyun, S., Jiajun, G., & Xiaohui, W. (2020). Different stakeholders' perspectives on inclusive education in china: parents of children with asd, parents of typically developing children, and classroom teachers. *International Journal of Inclusive Education*, 24:9, 948—963.

✓ 相信所有的儿童都有学习的潜能。积极的态度可以帮助所有的儿童成长和发展。

✓ 了解并理解儿童的发展。融合教育工作者要了解儿童发展的序列，才能为儿童安排适合其发展的教育目标，正如儿童要学会站立才能行走，合理现实的教育目标非常重要，特殊儿童还特别需要把一个目标分解为小步骤来实现。

✓ 认识到特殊儿童与典型发展儿童的相同之处要远远多于不同之处。比如 2 岁的特殊婴幼儿的很多困难和挑战其实是每一个 2 岁幼儿都可能会有的，为儿童设定相类似的期望值，有助于儿童被同伴接纳。

✓ 鼓励儿童的独立性。儿童都喜欢自己去完成任务。但对于特殊儿童，我们时常会帮助过度。融合教育工作者要努力去鼓励这些儿童自己做力所能及的事情，这可以极大促进他们的发展。

✓ 物理环境要适应这些特殊儿童的需要。大部分时候我们无需改变全部的教室和室外的环境，只需要根据儿童的特殊需要进行一些调整。

✓ 安排活动时考虑到全部儿童都可以参与。在安排教学、集体活动、午饭及其他室外游戏的时候，要让每个儿童都有可能参与进来。

✓ 与家长和其他可能提供协作的专业人员合作。一般特殊儿童会有其他的资源来为他提供专业支持，与家长和这些专业人员保持积极的沟通，有助于安排班级的日常活动与个别化干预和治疗之间的衔接。

中国对于随班就读的资源教师的培训日益加强和规范化。随着融合教育理念和实践的深入,普通教师需要具备筛查特殊儿童的能力,能与家长进行积极沟通,并寻找特殊/融合教育资源中心的支持,参与和实施儿童的个别化教育计划,能关注班级学生的不同层次的学习需求,并对班级管理和课程教学进行适当调整,掌握有效的课堂管理、视觉支持以及积极行为支持等策略,来支持自闭谱系障碍儿童的参与和学习。

26. 自闭谱系障碍融合教育的教学支持策略有哪些？

当一个学前教育项目或者学校教育整体是高质量的，教师也具备有效的课堂管理和教学技能时，自闭谱系障碍儿童和其他典型发展儿童一样，都可以自然地从这样的教育中受益。但因为自闭谱系障碍个体的差异很大，还需要根据不同个体的特征和需要，提供一些不同的教学支持策略，这些策略与第二部分第17问的干预方法有很多是重叠的，其中有很多干预方法，会更关注自然环境和生态化，也更适合在融合教育环境里应用，比如关键技能训练（PRT）、早期丹佛模式（ESDM）、多元活动本位干预模式（ABI）；传统的行为矫正、以及视觉支持、辅助沟通等也可以满足儿童的特征和需要，资源教师也会采用结构化教学（TEACCH）、感觉统合训练、艺术干预等其他方式来为儿童提供高结构的一对一或者小组教学的机会。

各种不同的干预方式或者教学支持策略，也都是基于对于自闭谱系障碍的特征的理解和回应。下面介绍 TEACCH 这套专为自闭谱系障碍儿童设计的课程/方案，它的很多教学策略也是国内外很多学校包括普通学校普通教室和特殊学校一直广为应用的。可以为我们融合教育思考如何为儿童提供相应的支持提供一些参考。

TEACCH 为"Treatment and Education of Autistic and related Communication Handicapped Children"的首字母缩写，原义为"自闭症及相关沟通障碍儿童的治疗与教育"。TEACCH 是基于"自闭症文化"(Culture of Autism)的观念发展设计的课程，自闭症文化是一种理解自闭谱系障碍个体的思维和行为模式的方式(详见知识卡片 26-1)。

TEACCH 的这套专门针对自闭谱系障碍儿童的干预课程方案也被称作"结构化教学"(Structured TEACCHing)，基于对自闭症儿童的学习特征的理解，运用视觉支持来促进自闭症儿童对于世界的理解和独立性，通过有组织、有系统地安排学习环境、学习材料及学习程序，让儿童按照设计好的结构，从中学习的一种课程方案①。

TEACCH 也经过了大量实证研究证明，在不断的临床经验中进行丰富，被公认为对自闭谱系障碍个体及其家庭是极其有帮助的。

TEACCH 包括五个重要组成。

1. 视觉结构

把学习环境、学习材料及工作程序作适当的安排，使儿童无需语言，只用视觉的辨别便能明白和理解学习要求。包括视觉

---

① TEACCH® Autism Program[EB/OL]. https://www.teacch.com.

信息清晰、视觉组织呈现步骤，以及结构化的视觉指示。

2. 环境结构

用清晰的界限为儿童划定不同的学习和活动空间，以便儿童了解活动、学习与环境的关系，掌握环境对他们的要求。

3. 常规

通过帮助儿童学习以下常规，可以更好地听从教师指令，适应活动的转化等。

✓ 建立有意义及有次序的行为习惯。

✓ 建立做事先后顺序的常规。

✓ 建立完成工作的常规。

✓ 建立从左到右，由上到下的工作步骤常规。

✓ 学会看个人时间表。

✓ 根据个人工作系统中的安排去工作。

4. 程序时间表

教室中将一日活动的流程结构化、视觉化，帮助儿童根据流程表来安排和进行各种活动。一般包括两种：一是全日流程时间表，全班同学都需要遵守；二是个人工作时使用的工作程序表，根据每一位儿童的个别需要进行安排和设计。

5. 个人工作系统

基于评估为每位儿童设计的个别化的教育训练计划，考虑儿童个体的特殊需要。一般以任务单的形式，开始、结束、明细的任务和反馈等都用什么表示要标注清楚。计划要考虑儿童近期发展目标，也要考虑兴趣爱好和年龄特征等。

知识小卡片 26-1

自闭症文化①

- ✓ 视觉信息加工相对具有优势和偏好(相对于听觉加工困难而言,特别是语言)。
- ✓ 经常十分关注细节,但很难理解这些细节是如何结合在一起的,以及它们的意义。
- ✓ 把不同的想法整合存在困难。
- ✓ 把各种想法,材料和活动组织起来存在困难。
- ✓ 集中注意力存在困难(有些个体特别容易分心,有些个体在需要转换活动的时候难以把注意力从一件事情转移到另一件事情)。
- ✓ 对时间概念的理解存在困难,包括理解移动太快或太慢,或认识活动的开始、中间或者结尾。
- ✓ 沟通存在问题,可能每个人的发展水平不同,但总是包含语言的社会运用上的障碍(称为"语用学")。
- ✓ 倾向于固着于某种日程(常规),导致很难把某一个活动从最初学习的情境迁移(泛化)到其他情境。如果常规或者日程被打乱,会很难受、无法理解或觉得不舒服。
- ✓ 对于自己喜欢的活动会有非常强烈的兴趣和冲动,很难停下来。
- ✓ 感官喜好和厌恶很明显。

这里特别要强调的是,教师还是需要接受科学系统的职前

---

① TEACCH® Autism Program[EB/OL]. https://www.teacch.com.

和职后培训，特别是关于基本的融合教育的知识和技能。国外很多融合环境内，会有特教教师和普通教师协作教学，基于科学评估，制定可行的系统的个别化教育计划，规定不同支持主体的责任。目前中国的自闭谱系障碍儿童随班就读实践中，教师根据儿童的学习能力和特征，除了在第 24 问中详细讨论的物理环境的调整和结构化支持，还需要进行学习内容和学习任务调整（如降低要求或者减少作业量），教学中也可以借助图片、流程图、关系图等视觉支持帮助儿童理解，同时家校合作，与资源教师等其他专业人员合作，教授儿童自我管理、社会交往和沟通技能。

27. 如何理解自闭谱系障碍儿童的行为？

如果我们能把儿童的行为也当作他们运用的一种“语言”，当作他们与成人、与他们生活的世界进行沟通的方式，并且愿意“倾听”，愿意去理解他们要表达的意图和情感，也许我们就相对能理解他们的行为。

每一个儿童在发展过程中都可能出现一些令成人头疼的行为，比如两三岁的儿童随着“自我意识”的发展，会非常“固执己见”，当你说“不要躺在地上”，他可能偏要躺在地上。这个年龄段的儿童有时候自我控制力较弱，当喜欢一个玩具的时候，可能不管这个玩具在谁的手里，都直接去争夺。还有一些家长很担忧，但不一定能称得上是“问题”的行为，比如 1～2 岁的儿童有的很喜欢转圈，有的踮起脚尖走路，1 岁左右的孩子喜欢把拿到的物品都放入口中“探索”等。当我们养育第一个孩子的时候，我们时常没有关于儿童发展、解读儿童行为的内在意义的经验，也时常会把一些并不是“自闭谱系障碍”引起的行为都当作障碍的表现。实际上，自闭谱系障碍儿童的很多行为可能是“其他儿童”也会有的，只是可能在程度上有所差异。

而我们讲到自闭谱系障碍儿童的问题行为的时候，有研究者提出界定一个行为能否被称为“问题行为”，或者值得我们与教师或干预者一起来特别“处理”这样一个行为，需要考虑这样几点：

- 行为是否会伤害到儿童自己；
- 行为是否会伤害或者干扰到其他人；
- 行为是否会影响或干扰儿童的正常活动（学习和生活）；

如果答案都是否定的，就像我们前面讨论的“神经多样性”运动那样，就不必过于关注儿童的一些自我刺激或者刻板的行为，努力通过创设环境和一些儿童感兴趣的活动，让儿童去做一些有意义的事情。

对于这三点如果答案是肯定的，那就需要我们去进一步关注。研究者归纳了自闭谱系障碍儿童最常见的一些问题行为，包括自我伤害、敌意、注意分散、刻板行为、破坏行为（详见知识卡片 27-1）。也有学者把这些问题行为按优先处理的顺序分成三个等级，分别是破坏行为、干扰行为、分心行为。无论哪个等级，问题行为都为自闭谱系障碍儿童的生活和学习带来不便，需要专业、系统的评估和干预（详见知识卡片 27-2）。[①]

知识小卡片 27-1

自闭谱系障碍儿童常见的问题行为

✓ 破坏行为和自伤行为

破坏行为是指对个体或他人造成健康或生命威胁的行为。

---

① 苏雪云(2014).如何理解自闭谱系障碍和早期干预.北京：北京大学出版社，p.54—61.

破坏行为包含咬、踢、抓、割、戳眼、撞头等行为。这类行为常常与自伤行为相伴，所以在评估和干预的过程中需要同时给予注意。

摩明格(Karl Merminger)首先提出“自伤行为”(self-injurious behaviors, SIB)的概念。早在1938年，他在著作《自我对抗的人》中写道：“对局部身体的自我伤害是一种自杀行为，这种行为区别于结束生命的自杀，是一种部分的自杀。”自闭症患者作为一个特殊的障碍群体，其自伤行为有别于普通意义的自伤，有其独特的含义。有研究者把自闭症自伤行为分为11种，分别是：打自己、咬自己、用自己的身体撞击地面物体、把手指伸入除嘴以外的身体开口处、撕扯头发或皮肤、抓自己、拔头发、用物体打自己、戳眼睛、拔下手脚趾指甲、拔牙。其中，打自己和咬自己的频率最高，发生率分别是93%和80%。

✓ 固执(刻板)行为

固执(刻板)行为是指儿童过分坚持以某种固定的方式或程序对待周围的人或事物，而完全拒绝接触新的事物或者转变程序的行为，例如反复地发出无意义的声音、反复地问同样问题、坚持将物件摆放成特定的方式、按照某种固定方式饮食起居、出门坚持走同一路线等行为。自闭谱系障碍儿童的固执行为主要表现在感官的固执行为(如重复听同一首歌曲，长期盯着某一样事物等)、动作的固执行为(依序排列扑克牌或家人的鞋子，出门坚持走同一路线等)、恋物的固执行为(坚持携带或穿着某样固定物体或衣物，拒绝使用新物件等)以及学业方面的固执行为(强迫自己记忆时刻表或反复问他人同一个问题等)。

✓ 注意缺陷和分心

自闭谱系障碍儿童在注意方面最明显的缺陷是难以持久。当要求注意缺陷儿童做一项无趣味或重复性的工作时，随着时间的推移，其动作表现比其他儿童明显要差；然而当他们对于一件事情感兴趣时，他们便会不断重复行为，出现固执和刻板行为。

自闭谱系障碍儿童注意缺陷的具体表现为：难以约束和控制自己的注意力，思想很容易开小差；常易受外界细微干扰而分心，粗心草率。他们容易对周围环境中发生的变化、出现的新的刺激起反应，因而对新奇和有趣的故事、电影、电视和游戏会相对集中注意去听、去看、去做。

几乎所有自闭谱系障碍儿童的家长都会反映，自己的孩子像有用不完的精力，他们上蹿下跳，且乐此不疲。注意缺陷儿童由于注意涣散、自控能力差而导致活动过多。他们的行为常常不分场合，不顾后果，无法控制。具体表现为：手脚动个不停，眼睛东张西望；常常做小动作，喜欢咬指甲、吸手指；做事无目的性，动作杂乱无章，不停变换花样。

✓ 需要注意！

我们必须要了解到自闭谱系障碍儿童的这些行为，很多时候并不是儿童主观故意造成的，而是与他们的障碍密切相关，可能是他们用来适应这个世界的某种机制。我们首先要了解并理解他们的行为，而不是把所有的行为都当作问题，通过合理的解读，改善行为出现的背景，寻找替代行为，以确保儿童的安全和健康为前提，减少这些行为对儿童适应和学习的干扰。

知识卡片 27-2

如何来面对自闭谱系障碍儿童的问题行为[①]

即便是问题行为，也有很多是可以预防的，那我们可以做什么呢？

✓ 环境的调整

调整班级物理环境，将班级的空间环境结构化，增加视觉线索和提示，让自闭谱系障碍儿童了解班级空间摆设的位置与功能；减少干扰自闭谱系障碍儿童的因素；临时变动环境时事先让自闭谱系障碍儿童可以预知。

✓ 了解可能的问题行为的原因

行为很复杂，不能只靠主观判断。儿童行为背后的原因是很重要的，你看到的行为问题只是冰山一角，冰山下面的东西你是不是了解呢？这种了解要基于你平时对孩子的关心和关注。要记住，先观察，别急着判断。

以下列举几点可能是问题行为产生的原因：

- 引起他人注意
- 想获得具体事物
- 逃避不想做的事
- 获得感官刺激满足
- 逃避不喜欢的感官刺激
- 情绪发泄

---

① 修改自：苏雪云，严淑琼（2014）.自闭谱系障碍儿童教育指导手册.上海市长宁区特殊教育指导中心.

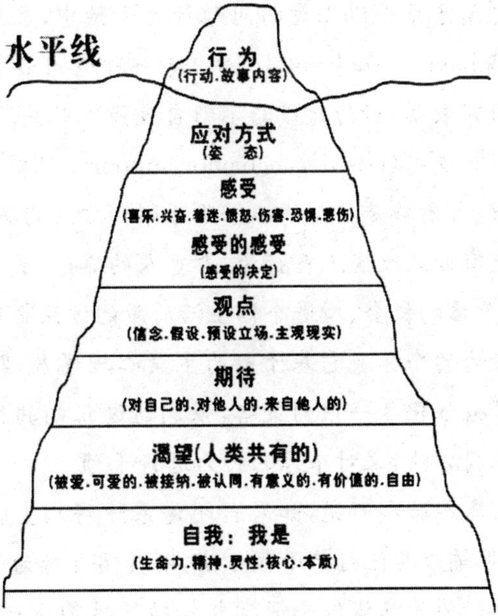

图 27-1　冰山理论模型

✓ 功能行为分析

- 学生基本能力与状况：性别、年龄、生理特征、自闭程度、学习状况、健康状况和就医史、沟通能力状况、个人能力的描述
- 对学生所处环境进行分析：包括家庭状况、家长的态度；课程与教学可能的影响因素
- 问题行为的描述：问题行为发生的过程、周期性、效能、历史、曾经处理的历史

除了预防以外，还有一些针对问题行为的干预方法。

在对自闭谱系障碍儿童的问题行为干预中，应用行为分析(Applied Behavior Analysis, ABA)是一种运用最普遍和有效的技术。研究表明，行为持续与不断自我强化有关。

积极行为支持(positive behavior support, PBS) 1980 年代开始被提出，可看作是行为矫正若干原则和方法的集合，旨在利用一系列能有效地改变不良行为、尊重人的尊严、成功促进个体能力、扩展个体的机会、增进个体生活质量的方法帮助有障碍和严重问题行为的个体。它基于行为主义心理学原理，包含了强化、消退、区分强化等一系列策略，强调通过正向的行为干预而非负性的惩罚方法，来对个体的行为进行干预。

根据临床经验和研究，如果自闭谱系障碍儿童能逐步掌握替代行为，再辅以其他行为干预方法，则其问题行为能得到明显改善。替代行为的具体例子通常包括功能性沟通技能、社会交往技能、自我管理技能等。在一些临床研究中，自闭谱系障碍儿童表现出许多自伤性行为和攻击性行为。有研究者通过观察法和实验法发现，掩藏在自闭谱系障碍儿童这些问题行为背后的"所欲"，既是为了得到所喜欢的东西(如好吃的食品)，又是为了逃避所厌恶的困境(如较难的任务)。在这种情况下，有必要让自闭症儿童学习多种作为替代行为的沟通技能。由于参加这一研究的自闭谱系障碍儿童有些是没有语言能力的，治疗人员就教这些孩子学习先用手语表达"我要"，然后用手指向所要东西。这些动作就成了意在得到喜欢东西的问题行为的替代行为。与此同时，治疗人员还教这些孩子学会使用一张写有"请你帮我"字样的卡片。面对困境时自闭谱系障碍儿童们可出示该卡，从而得到迅速有效的帮助，以此作为意在逃避困境的问题行为的替代行为。临床实验的数据表明这种沟通技能的训练同样达到了消退自伤性行为和攻击性行为的良好疗效。

注：关于行为矫正或行为干预，更多内容可以参考：黄伟合，贺荟中著(2013).《功能性行为评估与干预》.华夏出版社.

特别需注意的是，当我们无法阻止自伤和伤人，比如撞头、打人、咬人等行为的时候，我们可以在我们和儿童之间设定一个柔软的屏障，而不是束缚他们的身体。我们可以用沙发垫或者豆袋，让儿童击打在这些柔软的物体，而不是其他物体或者人身上。如果喜欢咬人，可以带上软手套；喜欢撞头，成人可以用大大的软手套保护住儿童的头部，让他们撞到软软的手套上。这样做首先为了保护儿童不受伤害，其次能够让他们停止下来，因为情绪需要发泄；但我们在儿童安静下来之后，还是需要进行功能行为分析，并想办法回到常规的训练和干预中。

但是，就像图 27-1 关于行为的冰山理论模型表达的那样，自闭谱系障碍儿童也有丰富的内在，上文中列出的行为功能只是常见的功能，并不是所有行为背后的原因。作为教师和家长，应该在积极的师生关系和亲子关系的基础上，去深入观察和体察儿童行为背后想要表达的内容和他们行为的意义。正如《这世界唯一的你：自闭症人士独特行为背后的真相》这本书里论述的那样，我们需要换一个视角去解读自闭谱系障碍儿童的行为。[①]

---

① 巴瑞・普瑞桑，汤姆・菲尔兹-迈耶著.陈丹，黄艳，杨广学译.《这世界唯一的你：自闭症人士独特行为背后的真相》.机械工业出版社.2016.

最后，再强调一点，儿童的教育没有简单划一的通用方式。成人所能做的，是去关注孩子行为背后的感受，多想想我们的行为会对孩子造成什么影响。尊重儿童，用生命影响生命，而不是鲁莽地从成人的角度去辨别对错。

28. 自闭谱系障碍儿童是怎样学习的?

每一个儿童都具有神奇的学习能力，即使非常小的婴儿都在用自己的方式探索和感知这个世界，不断学习和积累新的知识和能力，就像一个小科学家。他们慢慢发展出周围世界如何运转的观点，并通过他们的肢体动作和感觉来验证这些观点。他们从能接受的所有的经验中吸收信息，并使用信息来调节他们自己形成的关于世界如何运转的观点。

比如，婴儿从出生就有听和发出不同声音的能力，他们具有听懂和发出这个世界上存在的不同语言的能力！如果一对德国夫妇的孩子出生在中国，并在中文环境里长大，他就会听懂中文并学会用流利的汉语进行表达。如果儿童没有置于相应的语言环境之下，随着时间推移，这个能力就消失了。还比如，从一出生开始，婴儿可以识别熟悉的声音和面孔。他们生来就准备好了和这个世界（各种事物和人）进行互动的能力，在互动中发现和学习。这恰恰是人类婴儿的奇特之处，他们的大脑需要在与其他人的互动中不断发展和成熟。

那么我们的自闭谱系障碍儿童呢？他们与典型发展儿童的

学习有什么不同？下面我们就来看看这两类儿童的学习特征有何异同。

表 28-1 两类儿童的学习特征比较①

	大多数典型发展儿童	自闭谱系障碍儿童
学习的机会	通过主动探索社会的和非社会的环境，参与多种学习机会	倾向于较少关注社会环境，更关注非社会环境；这限制了社会学习机会
参与的有价值的活动	自然地对他人感兴趣，包括他们的面部表情、动作、姿势和词语。发现社会活动非常有意义。好像对人比对东西更感兴趣	自然地对东西感兴趣，并用不寻常的方式探索它们，例如闻和从某个角度观看物品。好像和人相比，对东西更感兴趣
学习的基本技能	乐于模仿别人；能够理解他人对他的动作、姿势和声音做出的反应；使用多种方法来探索东西，和物品玩耍	不乐于模仿，不理解他们的行为会影响其他人的行为；玩玩具的方式非常有限
妨碍性行为	参与一些重复性的游戏，但很容易就能把注意力转向其他活动	长时间参与重复性游戏，别人试图让其参加其他活动时很困难，或者感到很沮丧

另外，我们也要特别注意一点，自闭谱系障碍儿童个体差异很大，每个儿童的学习能力与他的认知能力也有关系，同时也要关注到每个儿童的学习动机和兴趣。大部分的自闭谱系障碍儿童也有学习的优势：对于空间、感知、匹配等领域、视觉/符号线索的优势时常会有助于他们学习，很多儿童有图片思维的优势，记忆和复述能

① 苏雪云(2014).如何理解自闭谱系障碍和早期干预.北京：北京大学出版社，p.62—67.

力很好。可以参考表28-2的教学策略来帮助孩子更好地学习。

表 28-2 自闭谱系障碍儿童的学习特征和教学策略①

自闭谱系障碍儿童的学习特征	教学策略
我的理解能力不佳，学习新事物很困难	✓ 行为更易法 包括：指示（言语指示/非言语指示） 提示（动作协助/手势提示/表情提示/言语提示/感觉指示/模仿行为） ✓ 奖励（物质/社会性/内在奖励；代币） ✓ 塑造法（奖励儿童近似的行为） ✓ 协助减退法
我的组织能力较弱，要连续学习一连串步骤时，我会混乱	✓ 循序渐进式 包括：向前连锁法、倒退连锁法、由浅入深连锁法等
我学会的技巧很快便会忘记	✓ 重复练习 类似的环境或情况下进行练习
除了我最喜欢的事物，其他的事物我不太注意	✓ “看看看”：引起学生注意力后再开始
我的兴趣较少，不是每种事物我都喜欢	✓ 从不同的感觉刺激入手 ✓ 从儿童的兴趣入手
有时候我觉得要学习的项目很沉闷，有时候太深，有时候太浅，我不想做	✓ 增加成功机会 ✓ 适当的奖励
我掌握语言的技巧较困难，你们要帮助我	✓ 说话“简而清” ✓ 建立语言理解及表达 包括：配合声音和动作；配合言语名称及物件；配合言语及动作/环境

① 苏雪云，严淑琼(2014).自闭谱系障碍儿童教育指导手册.上海市长宁区特殊教育指导中心.

（续表）

自闭谱系障碍儿童的学习特征	教学策略
我不喜欢常常只做同一样活动，可不可以改变？	✓ 类化（生活化）
别常常说我顽皮、不听话，很多时候我是有苦衷的	✓ 寻找内在的原因（儿童的行为要表达的需要是什么？）
你猜我最想你们怎样待我？	✓ 爱心（良好的关系是进行教学和干预的基础）

儿童还有一个很神奇的表现：在生命早期，大脑的可塑性很强。哈佛大学儿童发展研究中心发现，0～2 岁婴儿大脑的发育过程中，每秒建立 700 个神经元连接，因此通过专业的早期干预，能够激发社交技能和沟通技能发展，促进大脑的发展！研究也发现自闭谱系障碍儿童能够很好地进行学习。他们可以形成对家庭成员的社会依恋，他们对适合自己的独特的学习方式的教学策略有着良好的反应。自闭谱系障碍儿童可以克服许多挑战，变得积极融入社会，成为有动力的和有创造力的学习者。

29. 如何对自闭谱系障碍儿童进行评估?

首先,评估与诊断不同。目前还没有可用于自闭谱系障碍诊断的权威的遗传学检测技术,通常对自闭谱系障碍的诊断还是基于行为观察和心理学、教育学方面的测试。教育评估(programming assessment),即对有特殊需要的儿童进行个别化评估和制定个别教育计划,是特殊教育服务流程中重要的环节。教育评估的目的是为该儿童(及家庭)制定干预目标,围绕这个目标选定所需要的具体干预方式、措施、强度、服务提供者和效果评估指标。不同的评估目的决定不同的评估内容和方法,医院的系统诊断可以作为我们制定教学方案的参考,但教师还需要根据每个学生的情况进行综合全面的生态化评估。下面三点是评估时应注意的。①

✓ 评估需要团队合作

---

① 苏雪云,严淑琼(2014).自闭谱系障碍儿童教育指导手册.上海市长宁区特殊教育指导中心.

对儿童做出全面性的检查评估，从多个领域、多个侧面了解儿童的发展状况。同时，心理学家、儿科医生、治疗师、教育学者等的多学科合作对于儿童的评估诊断也是十分重要的。另外，特别需要强调的是，整个过程中家长的参与非常关键。

✓ 评估内容要全面，生态化

进行综合评估时，必须包括成长史、父母访谈、必要的医学检验、对儿童的观察、认知和适应功能的标准化测试以及对社交、沟通交流技能的直接评估。采用多元的信息和不同的方式来收集信息，关注儿童的优势和兴趣。

✓ 评估是一个过程

在整个教育过程中需要进行持续性的评估，以了解儿童的发展情况，并及时对教学进行调整。

除此之外，近年来，教育评估越来越突出以下三个方面的趋势。

1. 教育评估强调真实性(authenticity)，即真实性评估

在儿童日常生活中(如家中、每日前往的托儿所或幼儿园)，由儿童熟悉的人员(如家人或日常服务儿童的幼师、干预师等)系统、多次观察和记录儿童在日常活动中(例如吃饭、玩耍、上幼儿园等)自然表现出的行为和发展水平。教育评估强调真实性，来自学界对传统的标准化常模评估方式种种弊病的反思和批判。

2. 强调课程本位评估(Curriculum-Based Assessment)

用于评估年幼儿童的课程本位评估，采用标准参照评估的模式(criterion-referenced)，这区别于传统评估的常模对照模式(norm-referenced)。标准评估并不通过儿童之间的比较(使用常模)判断被评估儿童的发展水平(比同龄人高、比同龄人低)，

而是对每项目的技能进行任务分解(task analysis)，将被评估儿童在该项目上的表现对照技能发展的先后次序或难易等级，判断儿童的发展水平。

3. 强调联结系统(Linked System)

联结系统包含四个核心服务环节：①评估、②目标选定、③干预和④效果评价。该系统将评估、干预、儿童进步和课程方案评价之间有机地衔接在一起。

“评估、评价及干预计划系统”(Assessment，Evaluation，and Programming System，AEPS)在美国应用非常广泛，也在法国、越南等国应用，被评为最清晰、有效地联结评估与干预的工具。AEPS第三版所评估的儿童的发展领域有粗大动作、精细动作、生活适应、认知能力、社会沟通、社会情绪、数学和读写技能，共八个领域，是一套达标评估模式的课程本位评估工具，可以制定相应的个别化教育方案，实施半年或一年后可以再次评估，对干预效果进行评价[①]。AEPS-3正在研发中，中文版同时在中国出版和应用，将为中国学前融合教育提供相应的评估和课程联结的科学工具。

---

① Jennifer Grisham-Brown，et al. Psychometric Properties of the Assessment，Evaluation，and Programming System for Infants and Children，3rd Edition(AEPS-3). Unpublish.

30. 如何制定个别化教育计划(IEP)?

个别化教育计划(IEP)的法规源起是1975年美国94-142公法,它是一份由学校和家长共同制定的针对学生个别需要的书面教育协定,它应记载以下内容:

- ✧ 学生能力现况、家庭状况和需求评估;
- ✧ 学生所需特殊教育、相关服务及支持策略;
- ✧ 学年与学期教育目标、达成教育目标的评量方式、日期、标准;
- ✧ 具体情绪与行为问题学生所需的行为干预方案及行政支持;
- ✧ 学生的转衔支持及服务内容(包括升学辅导、生活、就业、心理辅导、社会福利服务以及其他相关专业服务等项目)。

个别化教育计划的制定主要分为两大阶段:评估阶段与计划阶段。评估阶段主要拟定评估计划、准备评估工具、进行评估、整理评估结果、召开综合分析会议(分析能力的长处与不足,分析学习特点的优势和劣势)。计划阶段整理分析的结果及建议、拟定“个别化教育计划”会议、召开“个别化教育计划”会议(提出下一步阶段的安置期望,确定目前的安置及相关服务,决定长期目标,提示短期目标,说明评定日期及评定标准)、撰写“个别化教育计划”。①

参与IEP制定的成员包括:学校行政人员(视需要而定);教师(包括特教老师、普校的任课老师、班主任);家长或监护人(必须要邀请);相关专业人员(视情况而定,如医生、教育评估专业人员、治疗师等);学生(视情况而定);其他(如果家长或学校希望让了解该生的相关服务人员参加,这也是可以的)。

中国特殊学校和随班就读环境下都会为自闭谱系障碍儿童制定个别化教育计划,个别化教育计划的结构也有相对标准的格式。这里特别要强调的是,自闭谱系障碍儿童的个别化教育计划要关注以下几点内容:

✓ 基于全面的评估,关注儿童的差异性

✓ 基于儿童的优势和兴趣,促进功能性发展

✓ 关注儿童的沟通和社会交往能力发展

✓ 关注儿童的独立生活技能和社会适应能力发展

✓ 关注儿童的优势技能和潜在的职业技能的发展

在个别化教育计划的制定过程中要注意:

✓ 家长的参与,与家长进行积极有效的沟通,促进家校合作

① 刘春玲,江琴娣.特殊教育概论[M].上海:华东师范大学出版社,2015:66—68.

- ✓ 多学科合作，医教结合，自闭谱系障碍的教育干预需要医学、特殊教育学、心理学、康复治疗等多方面的协作
- ✓ 目标要切实，可以量化，及时根据评估进行调整
- ✓ 学校行政系统的管理支持，促进不同任课教师的共同协作等
- ✓ 关注集体教学与个别化教育计划实施的结合

31. 如何支持自闭谱系障碍儿童的学业？

在融合教育环境中的自闭谱系障碍儿童，不可避免地会遇到学业上的挑战。那普校以及普校的老师能为这些儿童做什么呢？图 31-1 可以为普校老师提供一种思路。“教育目的”是一个值得每一位教师深思的主题。对于这些自闭谱系障碍学生，他们进入学校、进入融合教育的环境，到底是为了什么？难道是为了让他们在义务教育阶段结束后回到家中吗？当然不是！那你相信这些孩子毕业之后可以继续升学、就业、独立生活吗？这些 ASD 孩子进入融合教育环境，教育的目的其实就是让他们可以更好地成为独立自主、有生产力的公民。

因此要在这样的教育目的下，制定教学目标（IEP 长期目标）和具体教学目标（IEP 短期教学目标）。为了达成这些目标，老师需要对学习环境、课程内容、教材/讲义、教学设计、行为管理、情绪管理这六个方面进行调整，并且在实施过程进行时和完成后不断反思。

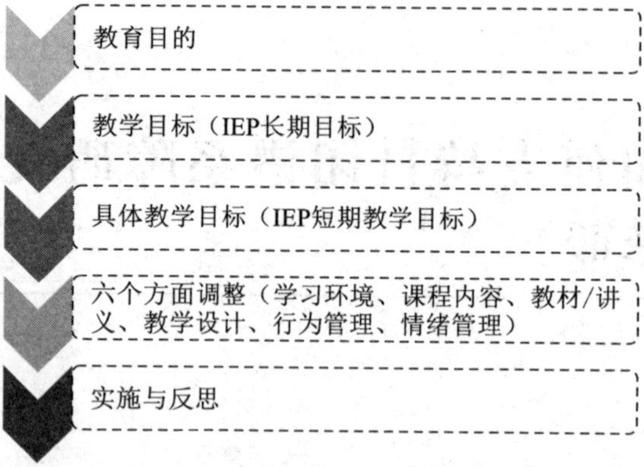

图 31-1　普校教师如何支持 ASD 学生的学业①

教学是教师的工作中非常主要且重要的一部分，但自闭谱系障碍儿童的学习特征与典型发展儿童是不一样的，这对普校老师的挑战很大。怎样使教学更有效？除了参考前文中的表 28-2，也可以参考表 31-1，不仅在教学前需要做规划，还要在教学中做调整，教学后做评估及开展后续活动。

从表 31-1 中我们也可以发现：融合教育中，自闭谱系障碍儿童的学业支持策略并不能完全和环境、情绪行为管理、社交能力等支持策略截然分开。所以，如果班上有自闭谱系障碍学生，对教师的要求会更高，不仅仅是专业技术层面，更有理念。但这对普校教师而言，何尝不是专业成长的契机？

此外，目前有许多网站可以给教师提供一些适合的教学策略，比如“What works Clearinghouse”（https://ies.ed.gov/ncee/wwc）。这个网站有经过实证证明有效的教学策略。教师

① 修改自：Jon Wiles & Joseph Bondi.（2004）.课程发展实务导引（吴丽君等译）.台北：双叶书廊.p136.

可以根据学生的实际情况选择教学策略。

表 31-1　有效教学的向度①

教学前:规划考量	教学中:活动进行	教学后:评估和后续活动
1. 物理环境规划： —教室外观和空间运用 —座位安排 —环境布置 2. 心理环境规划： —学生因素 —教师因素 —校园文化因素 —同伴因素 —家庭因素 3. 教学历程规划： —教室规划 —教室内运作程序 4. 学生行为管理规划： —增加积极行为 —减少问题行为 —泛化和维持积极行为 5. 教学规划： —评估学生的学习需求 —每一项教学活动皆有计划 —学生分组安排 —教学流程安排 —记录学生学习成果 6. 人员规划： —跨部门、跨专业、跨学科合作 7. 时间规划： —工作时间 —个人时间	1. 一般性教学指引： —教师主导型教学 —学生主导型学习 —同伴介入型学习 2. 教学活动的基本原则： —学生能了解老师的期待和教材的重要内容 —学生的动机 —主动参与 —教师的示范引导 —个人练习 —团体练习 —立即反馈 3. 调整： —应个别差异采用有效的结构化教学法 —教学设计的调整 —课程目标/内容的调整 —教材/讲义的调整 —课堂管理的调整 —评量的调整 4. 调整的策略： 简化、减量、分解、添加、替代、保留 5. 辅助科技： —如 AAC	1. 持续监督学生的学习情况： —资料搜集与整理 —资料分析 —作教学决策 —教学计划的审查 —依据资料结果拟定计划 2. 学生的评量： —测验成绩 —平时作业 3. 与家庭的沟通 4. 普校教师与其他专业

① 修改自：Edward A. Polloway.（2014）.特殊需求学生的教材教法（林素贞译）.台北：华腾文化出版社.pp.2—3.

32. 如何培养自闭谱系障碍儿童的沟通能力？（辅助沟通 AAC）

社交沟通障碍是自闭谱系障碍儿童主要特征之一，也是最难处理的障碍之一。研究表明，大概有 35%～40%的自闭谱系障碍儿童，终其一生都无法发展出具有沟通意义的口语能力①。自闭谱系障碍儿童常因缺乏功能性沟通能力，无法适当表达需求和想法，而表现出发脾气、破坏性行为、攻击、自伤等挑战性行为，严重阻碍了他们的情感发展和社会适应，也对和他们共同生活、学习或工作的人造成了各种挑战。

那么如何培养自闭谱系障碍儿童的沟通能力呢？很多教师误认为沟通＝说话，但实际上，沟通不仅仅是说话。我们可以认为"说话"只是沟通的工具，沟通还可以通过其他工具来进行，包括我们的身体姿势、我们的面部表情、我们跟他人的距离，还可以包括手势、实物、图片、书面文字等。美国宾夕法尼亚大学

---

① Mesibov G B, Adams L W, Klinger L G. Autism: Understanding the Disorder[M]. Springer Science & Business Media, 2013.

2007 年的一项研究指出：在沟通过程中，70%的信息是由肢体语言传递的，23%是语音和语调，只有 7%是口语词汇传递的。因此非言语沟通非常重要。我们的目标是为了儿童可以沟通，必要的时候可以采用辅助沟通系统。

辅助沟通系统（Augmentative and Alternative Communication，简称 AAC）包括任何非口语形式的表达沟通的方式，它能为沟通障碍个体提供传递信息的方法①。AAC 对于沟通障碍者的意义是多个方面的：第一，改善人际关系（如沟通能力的提升有助于增加与人互动的机会）；第二，增加独立自主的能力（如儿童通过表达自己的需求和意见，能有更多的选择权与决定权）；第三，参与教育活动（增加接受教育的机会）；第四，参与家庭生活（表达需求及感受，促进家人的了解和接收，减少挫折、攻击及自伤行为的发生，促进家庭和谐）。

李爱荷对三名自闭谱系障碍儿童进行 AAC 教学，并收集个训、课间、家庭三个情境中的视频进行分析，以此来了解 AAC 教学对提高自闭谱系障碍儿童沟通能力的效果②。研究发现：

（1）AAC 教学能明显改善自闭症儿童的主动发起能力，具有延时效果，且能较好地泛化至学校课间和家庭情境中。

（2）AAC 教学能有效改善自闭症儿童的回应能力，能较好

---

① Mason R A, Rispoli M J. An aggregate study of single-case research involving aided AAC: Participant characteristics of individuals with autism spectrum disorders[J]. Research in Autism Spectrum Disorders, 2011, 5(4):1500—1509.

② 李爱荷(2017).运用辅助沟通系统提高自闭症儿童沟通能力的个案研究.华东师范大学，上海.

地泛化至学校课间情境，在家庭情境中泛化效果不显著。

(3) AAC 教学在短期内对自闭症儿童的眼神接触频次无显著性改善效果。

(4) AAC 教学有助于增加自闭症儿童的言语发起，促进其言语的发展，且可以泛化至学校课间和家庭情境。

(5) AAC 教学可以有效提高自闭症儿童在课间和家庭情境中的平均语句长度，并有维持效果。

因此，教师可以考虑通过 AAC 来培养自闭谱系障碍儿童的沟通能力。在培养自闭谱系障碍儿童沟通能力的时候，可以参考以下几点基本原则①。

1. 与儿童的实际生活相结合

教师/家长可以利用日常生活中的任何时间来帮助儿童练习说话。由于语言是一种沟通工具，即使儿童在训练情境下能够说出许多词语和短句，也不能保证儿童能够将这些话都迁移到生活中去。所以，在干预自闭谱系障碍儿童的表达时，要尽可能地利用日常生活情景，或者利用成人与儿童游戏的情景，帮助儿童在自然情景下运用语言。

2. 以与他人沟通为主要目的

自闭谱系障碍儿童学习说话常常是机械记忆式的，他们在语音、语义以及语法方面较普通儿童相差不多，但是在语用方面却存在着较多的问题。因此，在训练时，要注意帮助儿童学习运用语言，通过说适宜的话来达到相应的目的，而非机械地记忆语

---

① 朱晓晨，苏雪云(2014).如何发展自闭谱系障碍儿童的沟通能力.北京：北京大学出版社.

音和语句。

3. 需要激发儿童的沟通意愿

沟通是双向的，不可能只是家长一方在表达而忽略了孩子的沟通意愿。请尽可能地激发儿童说话的内部动机，增强儿童沟通的主动性，只有当儿童具有主动的意愿时，教育干预才能更加有效。教师/家长要对儿童说的话和发的音有反馈，让儿童明白沟通的作用，同时，教师/家长也要尊重儿童所说的话，让儿童感到被理解。

33. 如何培养自闭谱系障碍儿童的社会交往能力？

社会交往能力与儿童的认知、沟通能力等也密切相关，也是自闭谱系障碍儿童教育干预中的难点，需要因人而异地在评估基础上制定方案，下面一些原则可供参考①：

- ✓ 重视自闭谱系障碍儿童独特的兴趣和学习动机
- ✓ 善于发掘和利用自闭谱系障碍儿童的优势能力
- ✓ 干预活动要循序渐进、有趣、实用
- ✓ 进行密集化的干预和教学
- ✓ 强调家长参与
- ✓ 训练干预要有一定的系统与结构
- ✓ 重视融合教育与社区活动的参与

对于自闭谱系障碍社会交往技能的干预，一般来说有以下六种比较常用的干预策略和方法。

---

① 吕梦，杨广学.如何发展自闭谱系障碍儿童的社会交往能力[M].北京：北京大学出版社，2014：3—4，21—26.

1. 以各种示范方法为主的社会技能的干预

在具体操作方面，既可以是一对一的示范，又可以是以小组为单位的示范；既可以是由成人来担任示范者，又可以用电视录像的方法来示范。在示范的过程中，自闭谱系障碍儿童也可以参与其中以进行排演。

2. 以认知方法为基础的干预

自闭谱系障碍儿童可以学会理解各种社会信号，用无声的自我对话来提醒自己的行为，随之执行经过考虑的动作，最后可以对自己的行为作自我评价和自我鼓励。

3. 以提供后果来调节行为

可以用口头表扬和代币加实物的方法来奖励良好的社会性行为。当儿童表现出不当行为时，也可以用口头提醒和矫正来处理。这样，儿童就可以通过自己行为的后果来学习社会所接受的社会交往技能。

4. 综合干预

综合干预是综合运用上述各种方法来对自闭谱系障碍儿童进行社会技能干预。

5. 同伴介入干预

有同伴参与的干预无疑是事半功倍的。与成人相比，儿童往往会更多模仿同龄人动作和语言，同伴的参与也能够提升儿童的积极性。同时，因为与同伴互动是自闭谱系障碍儿童的主要社会交往障碍之一，因此直接与同伴进行互动和训练也能够提升干预的生态效度。

6. 自我管理

还需要针对自闭谱系障碍儿童自身的特点来提高其社会交

往技能,包括环境的结构化、观察学习、提示信号和强化物的使用等。

除了这些基本的原则和策略外,对于自闭谱系障碍儿童的社交技能干预应当尽量在自然的生态环境下进行。但是由于一些儿童会对环境的变化表现出极大的敏感性,因此教师必须提前做好各种准备工作,使得用于干预的自然环境和社会环境有利于自闭谱系障碍儿童社交活动的进行。

那么,怎样在自然的生态环境下加入"社交元素"呢?

第一,观察。教师或者家长,要想培养自闭谱系障碍儿童的社会交往能力,首先要成为很好的观察者,不要有太多主观偏见。观察儿童,发现孩子感兴趣的方式是什么样的;观察儿童的眼睛,他看到的又是什么。

第二,跟儿童的视线要齐平,保持跟儿童有非常好的眼神接触。如果你跟他眼睛不在同一水平线,会丧失很多非言语沟通的机会,互动的机会也会减少,社会交往就很难进行下去。

第三,跟随儿童的领导。再不会学习的儿童也有自己的学习方式。不要老是想着去控制,因为你一旦控制过多过强,儿童就会丧失对活动的兴趣。你可以把自己定位成一个助手,你的任务是辅助、拓展、丰富,然后帮助儿童把注意力保持在某项活动上。自主对儿童来说是很重要的,给儿童多一些机会做决定。我们的特殊儿童在生活中其实很少有机会能够获得控制感,因为成人会为他们的生活做绝大多数的决定。当教师给儿童选择权时,其实能更好地促进社会交往良性进行。

第四,儿童需要被鼓励,需要积极的反馈。作为教师,你可以更关注这些谱系孩子作出行为的过程，不一定要儿童做完后你再表扬。而且你应对很具体的行为去做鼓励，其实也就是让他知道，他是有能力的、他是被尊重的。这种积极的体验会让孩子有更强的社会交往动机。比如，学生将一片树叶递给你看，你会怎么说？“这是垃圾，快扔掉！”一旦出现这种否定句，就会伤害到孩子想要跟你互动的欲望和自信心的培养，也削弱了他与你社交的动机。其实，你只需简单说一句：“哇，你找到了一片很美的树叶！”慢慢地，你们就有了很多互动的机会。

34. 如何选择融合同伴？

Bauer 和 Shea 指出，在普通班级中，为特殊学生建立“自然支持来源”是融合教育成效的要素之一，而其中，同伴是普通班级中最大的自然支持来源①。我们为自闭谱系障碍儿童选择融合同伴的时候，需要根据实际情境和每个儿童/家庭的特征以及资源来进行考虑，可以参考的几点标准是：

✓ 取得父母同意：父母需持支持态度；

✓ 年龄：与自闭谱系障碍儿童是年龄相近的；

✓ 性格：主动、活泼外向，信心、耐心、受挫力强；

✓ 与同学人际关系良好；

✓ 了解自闭谱系障碍儿童的兴趣爱好以及个性，尽可能选择兴趣等与其相似的典型发展儿童；

✓ 自然情景下可以与自闭谱系障碍儿童积极互动；

✓ 在正式选择之前，让典型发展儿童了解自闭症儿童，做

① 钮文英(2009).拥抱个别差异的新典范——融合教育.台北：心理出版社，251.

好充分的心理准备，从多位典型发展儿童中选择最合适的。

以上几点是融合伙伴的“招募条件”，但我们不能忽略了自闭谱系障碍儿童对人的偏好。图 34-1 展示的是自闭谱系障碍儿童的同伴圈。一般来说，比较建议教师选择第二或者第三圈层（最亲近的人、喜欢且能常常看到的人）的同学作为融合同伴。因为当 ASD 的孩子对这些同学有好感时，他会更愿意听从融合伙伴的指令和引导，能更好地建立人际关系。这也是人之常情，对于满足自己偏好的人，一般人都会更顺从、更温和、更主动、更愉悦。自闭谱系障碍儿童亦如是。

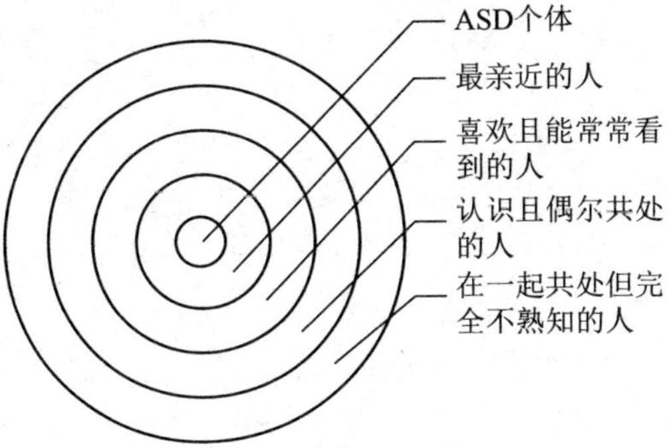

图 34-1　ASD 儿童的同伴圈[1]

以上是在学校情境中如何选择融合同伴的策略，如果把范围扩大至社区，原理也是一样的。如果扩大到家庭情境中，可以考虑“手足”（兄弟姐妹、堂兄弟姐妹、表兄弟姐妹等）作为融合伙

---

①　修改自：钮文英(2009).拥抱个别差异的新典范——融合教育.台北：心理出版社，261.

伴，他们是自闭谱系障碍儿童比较熟悉的人，将他们作为融合同伴纳入干预过程，不仅可以更有效地提高自闭谱系障碍儿童的社会交往能力，而且从长远来看，有利于加深他们彼此的感情联结，毕竟他们是相伴一生的关系。因此，未来的研究可以多做“手足”方面的尝试，将融合同伴从学校等场所延伸到家庭中。

35. 怎样进行同伴支持方面的指导？

教师要多进行示范和指导，同时也要关注自然情境中的机会，促进 ASD 儿童与同伴相互的社会互动，并给予同伴持续的支持。表 35-1 给出了同伴支持的原则和策略。

表 35-1　同伴支持的原则和策略

同伴支持的原则	同伴支持的策略
1. 典型发展儿童认识并接纳自闭谱系障碍儿童 2. 保证典型发展儿童个人的正常学习和活动完成 3. 典型发展儿童与自闭谱系障碍儿童共同游戏、学习，在必要的时候提供恰当的支持，但是，应尽可能多地让自闭谱系障碍儿童自主完成 4. 及时给予典型发展儿童正确指导，纠正不恰当或不正确的行为 5. 做好典型发展儿童的心理支持，避免典型发展儿童的挫败感	1. ①教师以身作则，示范接纳 ASD 儿童的态度。②开展特教宣导活动，如：在自闭症日，学校张贴相关宣传海报；在入学伊始，班主任在班会课上通过 PPT、视频、角色扮演等形式，向班级同学宣导什么是 ASD、他们的优势及障碍是什么、他们的需求是什么、应该如何帮助他们。 2. 典型发展儿童与自闭谱系障碍儿童之间建立持续、稳定的同伴关系 3. 教师通过教育和指导，提高典型发展儿童的理解能力和敏感性——指导典型发展儿童如何预

（续表）

同伴支持的原则	同伴支持的策略
6. 典型发展儿童作为“小老师”必须已经得到教师和家长的允许 7. 遵循不同自闭谱系障碍儿童的个体差异 8. 创造机会，使自闭谱系障碍儿童参与到典型发展儿童活动当中，与典型发展儿童进行互动	防和应对自闭谱系障碍儿童的问题行为（如：课表有调整提前告知ASD同学；ASD同学上课时大喊大叫，可以安抚他冷静，并告诉他应该怎么做） 4. 典型发展儿童与自闭谱系障碍儿童一起游戏，鼓励自闭谱系障碍儿童自己完成任务 5. 给予典型发展儿童的行为关注，充分利用典型发展儿童的示范作用 6. 促进典型发展儿童与自闭谱系障碍儿童产生自我价值感和归属感 7. 典型发展儿童多向自闭谱系障碍儿童给予正面积极的反馈，让自闭谱系障碍儿童有更多的积极体验 8. 寻求家长和教师的支持和允许 9. 制定自闭谱系障碍儿童的个别教育计划 10. 创造典型发展儿童与自闭谱系障碍儿童共同分享的机会

表35-2是写给班级里典型发展的同学的一封信，这可以作为特教宣导的一种形式，让班级同学更好地认识并接纳自闭谱系障碍儿童。我们也可以在幼儿园和小学阶段通过阅读和分享绘本（如《我的孤独症朋友》《我和我的阿斯伯格超能力》《亚斯的国王新衣》等）的方式，来帮助儿童理解差异。

表 35-2　给同学的一封信

亲爱的同学，你好：

你们班里是不是有位同学总是喜欢一个人？你会不会担心因为自己跟他做朋友而被别人嘲笑？

我们慢慢会发现，其实每个人都是不一样的。我们也会慢慢发现他们的优点：他们有很好的记忆力、有着艺术的头脑，还有很多很棒的优点。如果你成为自闭症同学的朋友，你们可以从对方身上学到很多。以下几点可以帮助你成为一个更棒的朋友：

① 不要害怕，通过向老师问问题了解你的自闭症朋友；

② 你需要了解，一些自闭症的小朋友很聪明，只是表现方式不大一样；

③ 和自闭症朋友说话时使用简单的词语和手势，比如用手指去指；

④ 使用图片或者写下你想说的话来帮助你的朋友理解；

⑤ 加入你的自闭症朋友喜欢的游戏或是邀请自闭症朋友加入你们的活动，教他怎么玩；

⑥ 耐心一点对待你的朋友，多给他点时间回答你的问题或完成活动；

⑦ 尽可能坐在你的自闭症朋友身边，在他想让你帮忙时帮帮他；

⑧ 帮助其他朋友来了解你的自闭症朋友。

36. 影子老师是什么？我的孩子需要影子老师吗？

在当前中国教育系统对于融合教育的支持尚不充分的情况下，依靠影子教师提供个别化专业支持，连接家校合作，是支持自闭谱系障碍儿童适应校园环境的可行方案。

美国《障碍者教育法案》(Individuals with Disabilities Education Act，IDEA)在特殊教育的分配和相关服务中对影子老师作出这样的定义：经过适当培训和在专业教师的监督下提供特殊教育服务和相关性服务①。《不让一个孩子掉队》(*No Child Left Behind Act*，NCLB)对影子老师的定义是：提供一对一的指导，辅助教师管理班级，在电脑室做助手，执行父母参与的活动，在图书馆或者多媒体教室提供帮助，中介者，向学生提供教学服务②。

---

① Fisher，M.，& Pleasants，S.L.(2012). Roles，Responsibilities，and Concerns of Paraeducators：Findings from a Statewide Survey. Remedial and Special Education，33(5)，287—297.

② Lewis，K.C.(2005). Seen but Not Heard：ESEA and Instructional Aides in Elementary Education. Review of Research in Education，29131-149.

有研究将自闭谱系障碍儿童影子老师定义为：向融合教育中自闭谱系障碍儿童提供一对一的指导，在教室做自闭谱系障碍儿童的助手，执行自闭谱系障碍儿童父母参与的活动，在图书馆或者多媒体教室向自闭谱系障碍儿童提供帮助，作为任课教师、家长、学校行政管理者和自闭谱系障碍儿童的中介者，向自闭谱系障碍儿童提供相关教学、社会、行为和情绪等服务。①

影子老师一般存在于三个主要教育环境中，分别是特殊教育学校、普通学校中的特殊教室、普通学校普通教室。影子老师的类型有两种，分别是团队影子老师和一对一影子老师。

有几个影子老师相关的概念。我们常常会将陪读人员等同于影子老师，其实两者是有很大区别的。陪读人员可以是特教专业人员，也可以是家长、保姆，而影子老师对专业要求是很高的，家长或者保姆无法完全取代。而且陪读更多的是“陪伴者”的角色，主要目的是让孩子能把学校生活跟下来，也就是“随着”班“就着”读。但影子老师的角色更多元化，行为支持者和监督者是其主要角色，在国外，影子老师还可能是教学支持者、校外支持者、评估者、课程开发者、班级管理者和其他支持角色。因此，有学者用“Paraprofessional”这个词指代影子老师，即“辅助教师”，他/她既可以是班级助教，也可以是孩子的影子老师和陪读。

国外对影子老师的从业资质是有明确标准的，目前中国还没有颁布明确的准入资质标准。从实际来看，一般要求影子老师满足以下几点：1.大专及以上学历；2.有康复学、心理学、特殊

① 王利丽.自闭谱系障碍儿童融合教育中影子老师的角色研究[D].华东师范大学，2015：p.3—5.

教育、学前教育等相关专业背景；3.掌握并能运用行为干预技术；4.能提供长期服务。

那么所有在普校就读的孩子都需要影子老师的介入吗？当然不是。孩子是否需要影子老师，一方面要考虑到孩子的能力水平，是否能适应普校的学习环境；另一方面，要考虑学校的支持程度，如果校方支持力度很大，能帮助孩子适应，那可以暂时不考虑影子老师。如果孩子的确无法独立适应普校生活，而学校提供的支持又有限，那应该考虑让影子老师介入。

有家长曾经反映校方不同意影子老师进入班级，原因是担心影响课堂。如果是这种情形，家长可以与校方沟通，让校方明白影子老师之于自闭谱系障碍儿童的意义：影子老师的存在，首先是对有特殊需要的儿童一个很大的支持，因为影子老师可以及时关注儿童，给儿童一些指导，引导儿童与其他儿童进行互动，提高儿童的社会性；影子老师的存在对自闭谱系障碍儿童所在的班级的任课教师也是一种支持，是自闭谱系障碍儿童与任课教师之间的一座桥梁；影子老师对班级的其他同学也是一种支持，可以调解自闭谱系障碍儿童与同学的冲突，帮助班级同学更好地理解与接纳自闭谱系障碍儿童。

37. 如何为自闭谱系障碍儿童提供转衔支持?

IDEA中对转衔服务的定义是:一套提供给学生的整合型活动,以结果为导向的设计过程,聚焦于提升特殊教育学生的学业性和实用性的学习成效,以加强学生毕业后发展的衔接,这一系列活动包括中等教育以后的教育、职业训练、整合就业(包括支持性就业)、成人教育与继续教育、成人服务、独立生活、社区参与。

从生涯发展的角度看,转衔有"转换"+"衔接"的意思。一般来说,我们谈到的转衔大多是指就学期间的转衔(比如:幼小衔接、小升初、初中升高中、高中升大学……),但其实转衔是终身的,在我们人生的各个阶段,都有转衔。转衔分为垂直转衔与水平转衔,根据年龄段划分、有时间性的是垂直转衔,垂直转衔是常见的,其他转衔并不是常态,这就是水平转衔。每个人的垂直转衔几乎是一样的,但水平转衔会有很大差别。图37-1是垂直转衔与水平转衔的示例。

出生 ↓	医院→家 科技的协助→为人父母
幼儿园 ↓	家→托儿所/幼儿园 公开场所→私人场所
小学 ↓	隔离的学校→融合的学校 特殊教育→普通教育
中学 ↓	特殊教育→普通教育 特殊/普通教育→社区本位
成人初期 ↓	单身→有伴侣(小孩) 和家人生活→自己住/和室友合租
成人中期 ↓	学校→职场(兼职/全职) 家人照护→其他类型的照护(如：托养机构)
其他成人期 ↓	机构型的安置→社区居住 家庭关系→独自一人

图 37-1　垂直转衔与水平转衔的示例①

在学校系统下，我们更注重的是学期间的转衔。那如何为自闭谱系障碍儿童提供转衔支持呢？Patton 和 Dunn② 指出成功转衔的要素有三个：系统而全面的规划——包括需求评估和个别计划；行动和计划的执行；协调、配合、沟通和合作。图 37-2 是美国开展转衔计划的过程。

首先，进行转衔需求评估，可以从学生的偏好、兴趣、优势等方面来评估，同时应考虑学生的梦想(对未来生活的期待、职业理想等)。梦想非常珍贵、富有正能量，可是在谱系孩子的成长

---

① 修改自：Edward A. Polloway.(2014).特殊需求学生的教材教法(林素贞译).台北：华腾文化出版社.p.14-7.

② Patton, J.R., & Dunn, C.(1998). Transition school to young adulthood: Basic concepts and recommended practices. Austin, TX: PRO-ED.

过程中，成人经常会按照自己的意愿去为孩子做决策，忽视了孩子的想法和内在的能量。谱系孩子一样有权利拥有梦想！所以，做需求评估时还可以将孩子的梦想也考虑进去。在美国和中国台湾地区，对特殊儿童进行转衔需求评估时，会采用《生涯兴趣、偏好和优势量表》(Career Interests, Preference, and Strengths inventory，简称 CIPSI)，然后根据测验分析报告对学生做进一步的访谈，对特定领域作进一步评估。

需求评估之后，就要拟定转衔计划。这时会用到《转衔计划量表》(Transition Planning Inventory-Second Edition，简称 TPI-2)。它有学生版、家长版、学校版，可见，它综合了学生、家长、教师三方的观点。TPI-2 包括三大领域，共 11 个方面。

✓ 工作领域

- ✧ 生涯抉择和计划——可以搭配 CIPSI 一起使用。
- ✧ 就业知识和技能——毕业后想从事什么工作？从事这份工作应具备怎样的知识和技能？这部分可以作为职业教育的前期工作，比如，学生毕业后想去便利店工作，那就可以设计与之相关的职业教育内容。

✓ 学习领域

- ✧ 未来的教育/训练——未来如果想继续升学，需要做什么准备？
- ✧ 功能性沟通——需要运用什么沟通技能？包括言语和非言语沟通技能。
- ✧ 自我决策——有什么事情可以自己做决定？

✓ 生活领域

- ✧ 独立生活——未来想离家独立生活，需要什么技能？
- ✧ 个人金钱管理——如何理财？如何购买生活必需用品？如何支付？
- ✧ 社区参与和运用——如何参与社区生活？如何运用社区中的便利条件？
- ✧ 休闲活动——有什么休闲方式？休闲能力对自闭谱系障碍儿童而言是非常重要的能力，因为受现实种种条件限制，有的谱系孩子未来可能只能待在家里，无法工作也无法升学。对于这样的孩子，休闲成为了最主要的生活内容。所以要教学会孩子如何休闲。
- ✧ 健康——如何保持健康？不仅仅是身体健康，还要关注心理健康。
- ✧ 人际关系——人际关系怎样？能否建立友谊？能否进行适当的社交行为？

在拟定转衔计划之后，一方面，可以联结相关的支持和服务（如社会福利部门、机构、实习场所……）；另一方面，学校可以开展相关的知识/技能教学，也就是转衔教育。但要强调的是，转衔教育应当是实用导向、功能性导向的，应该依据学生的转衔需求评估结果和转衔计划来开展。由图37-2，知识/技能的教学可以从两个角度进行，一是开展独立课程，二是融入各领域教学。一般来说，优先融入各领域教学，在没办法融入的情况下，再考虑设立独立课程。比如，学生的转衔计划中对“个人金钱管理”这一领域有需求，那么学校可以先考虑将这方面的技能融入学科教学中，如果不适合，再考虑单独开设理财课。

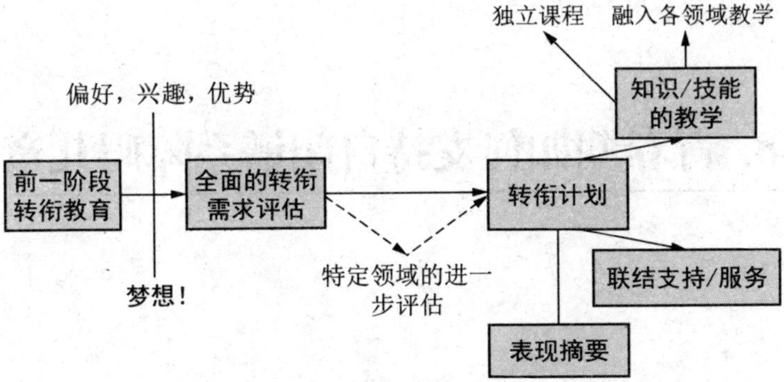

图 37-2　美国的转衔计划过程①

① 修改自：林素贞（2016）.身心障碍学生的转衔教育.未出版的手稿，高雄师范大学特殊教育学系，台湾高雄市.

38. 青春期如何支持自闭谱系障碍儿童?

当自闭谱系障碍儿童逐渐成长到十多岁的时候,家长们会迎来第二次较大的挑战,即如何支持谱系儿童比较顺利地度过青春期。在青春期中,儿童的生理和心理都会急剧发展。对于自闭谱系障碍儿童,一般情况下,青春期的生理变化会比较顺利、自然地进行,主要在心理发展上会因为自闭谱系障碍的特征和需求而表现出一些特定的青春期问题:男生主要表现为性兴奋增高,自控能力差,容易发生手淫和暴露生殖器等行为;女生主要表现为不能处理月经期问题等。而自闭谱系障碍儿童本身的沟通障碍、刻板行为和狭隘兴趣使得对其青春期教育难度大增。目前对于自闭谱系障碍儿童的青春期问题,运用较多的是行为矫正方法,即在对儿童的问题行为进行观察分析后,找出行为发生的原因和持续的条件,相应地对之进行奖励、忽略或惩罚(具体可查阅行为矫正的相关资料)。另外,可通过增强儿童的自我管理能力进而增强其对不良行为的自制力。建议家长在青春期来临之前就预先开展一些与身体和性教育相关的教育准备,做一些预防和引导,这要比出现问题后进行矫正更重要。

中国目前的教育中，性教育和青春期教育等相关的研究和实践都相对比较薄弱。如何应对自闭谱系障碍儿童的青春期问题，需要家校合作，并根据每一个儿童的情况来制定有针对性的方案，下面一些原则可供参考。①

1. 我们不能一味阻止儿童的某些行为，而是要教给儿童怎样做才更合适。

举例来说，男生可能在课堂上出现手淫，教师可以引导他去卫生间，或者让其去操场跑步或是做其他事。一方面是对不合适行为的惩罚，另一方面也是帮助他转移注意力。

2. 对于青春期的挑战，教师应与家长保持良好的沟通和合作，共同讨论策略和贯彻干预。同时也可以根据学校的学生情况，开发校本课程。

3. 除了在青春期到来时开展相关的行为指导外，更重要的是早期的引导和性别意识的强化。

在儿童幼年时期，成人即可通过一些社会故事等帮助自闭谱系障碍儿童意识到男女生的不同以及如何与异性小朋友相处等。在即将进入青春期时，也可通过一些社会故事帮助儿童了解自己身心可能发生的一些变化，学习如何调节和合理释放自己的情绪等。人们常说无知会带来恐惧，而家长和老师们如果能提早让儿童了解到青春期的一些知识，也有助于我们陪伴儿童一起更加平稳地度过这个阶段。

4. 对于青春期的自闭谱系障碍儿童而言，同伴交往和有意义的社会生活都很重要。

---

① 苏雪云(2014).如何理解自闭谱系障碍和早期干预.北京：北京大学出版社，28—29.

因此，在儿童早期，能教会他们一定的社会交往技能、能学会自我照料，学会一定的娱乐和休闲的技能，对于他们渡过一个有意义的青春期有着很重要的作用。

5.“性教育”不等于“与性有关的教育”。

其实人与人之间的亲密接触，我拍拍你的后背、我同你的握手、我对你的拥抱，都可以表示人与人之间健康和正常的亲密关系，也属于正确的性教育的一部分。性教育包括哪些知识？可以参考图 38-1。

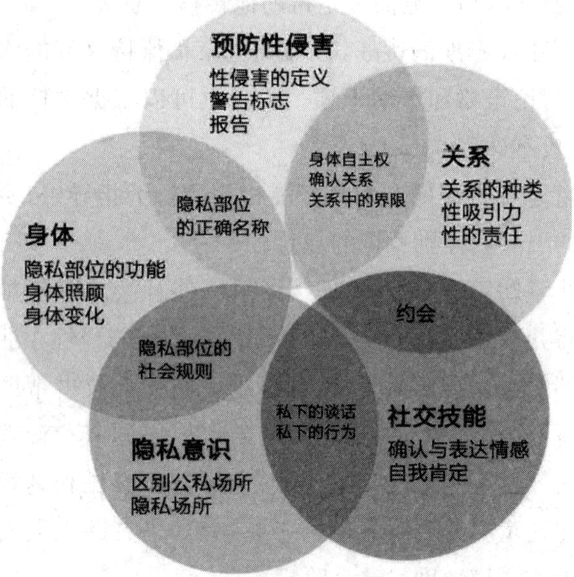

图 38-1 性教育包括哪些知识①

① 图片来源：https://3g.sanwen.net/a/yilhnbo.html；特丽·库温霍芬.(2016).智能障碍儿童性教育指南：正确认识身体、界限和性（林纯真，刘琼瑛译）.北京：华夏出版社.

我们的儿童会不断长大，因此，我们需要考虑得远一些，考虑到他们青春期，甚至成年期后的生活状态，而在生命的早期，和自闭谱系障碍儿童一起努力，为未来做好准备！

39. 学校如何支持自闭谱系障碍儿童的就业？

美国职业心理学家舒伯（Super）认为，人一生的整体发展由三部分组成，这就是他的“生涯彩虹图”理论。这三部分分别是时间、广域或范围、深度。图 39-1 中外围是时间，是人生的各个阶段和年龄；广域或范围指图中内部各层弧线，代表了一生中扮演的各种不同角色；深度是指人生彩虹图中的阴影部分，代表一个人在扮演各种角色时所投入的程度。学生这个角色，可以横跨 5 岁至 65 岁（包含继续教育、成人教育），但是大多数自闭谱系障碍的学生在学校学习的时间是 5～15 岁左右，也就是在成长阶段和探索阶段。在这两个阶段里，学校是非常重要的支持者，对之后的就业、休闲、居家生活都会有重要影响。

那么，学校应当如何支持自闭谱系障碍儿童的就业呢？

一、生涯辅导

从图 39-1 我们可以看出生涯发展是一个过程，从出生开始

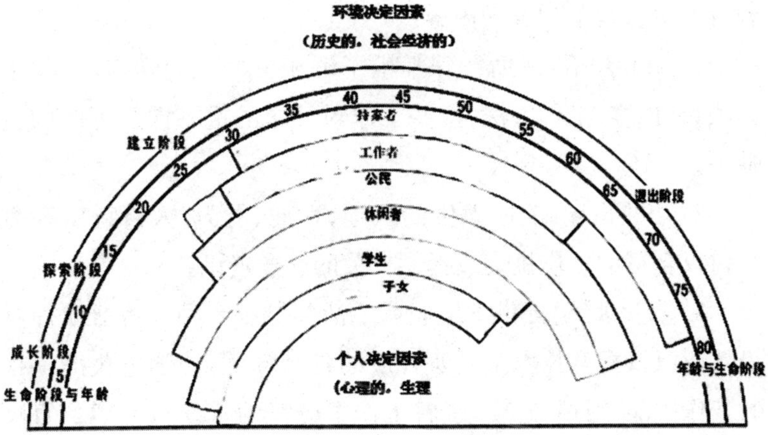

图 39-1　生涯彩虹图①

到生命终结，工作者这个角色或者说职业是生涯的一部分。学校可以通过生涯辅导来支持学生就业。生涯辅导的内容包括生涯觉察、生涯探索、生涯准备。可以运用一些兴趣、性向、人格特质的量表来帮助学生更好地了解自己，然后辅导学生了解什么是工作？工作类型有什么？慢慢探索出学生喜欢而且适合的职业。之后辅导学生做一些生涯准备，比如了解该职业的就业要求。

二、职业教育

具体而言，职业教育为教育的一部分，它以就业为目的，也就是为谋生做准备。林素贞（2016）②提出在特殊教育中的职业

① Sharf, R. S.(2010). Applying career development theory to counseling(fifth edition). *Brooks/Cole Pub. Co*, 254.

② 林素贞(2016).身心障碍学生的转衔教育.未出版的手稿，高雄师范大学特殊教育学系，台湾.

教育至少包含下列五项内容：

1. 职业陶冶：帮助特殊学生了解相关的职业常识，了解工作项目、内容、工作方法、这些工作对社会的重要性及可能的贡献等。

2. 职业指导：依据学生的兴趣、性向、能力、人格特质等为其建议合适的工作机会或提供有关的就业资讯。

3. 职业训练：提供学生职业生活领域中各种经济活动行业为就业以及提升技术水平所开展的各种训练，使学生获得应有的工作技能、习惯、态度，了解工作中应尽的责任与可享受的权利。另外要注意的是，职训应与安置结合，要有工作机会。若没有面包店的工作机会，即使提供烘焙培训又有多大用处？

4. 职业安置：安排学生到真实的工作情境中从事经济活动，包括与雇主取得联系并交流意见，使雇主了解学生的人格特质、优势、障碍等，协助学生安置在合适的工作岗位。

5. 社会安置：持续追踪辅导，使学生能在就业后适应工作环境与社交生活，并协助其适应新的社会生活（包括交通、居住、购物……）。

三、特殊教育中的职业教育的教学

前面探讨了职业教育的内容，落到教学层面上应该怎么实行呢？有几点需要注意：

1. 与学生的兴趣、偏好及优势能力契合。在第37问中我们谈到了如何为自闭谱系障碍儿童提供转衔支持，其实职业教育与转衔是紧密联系的。前文中谈到的CIPSI《生涯兴趣、偏好和优势量表》的测验结果就可以作为职业教育教学内容的参考。

比如，CIPSI的测验结果表示该生感兴趣且未来可能从事的职业是空调设备装修人员，那么教学就可以以空调设备装修为核心。

2. 与市场接轨。除了考虑学生的兴趣、偏好、优势能力，还需考虑市场。比如：市场上对这个工作的需求如何？岗位要求如何？具体的工作内容如何？这就需要进行工作分析。工作分析的内容包括：工作时间、薪资福利、工作内容、基本要求条件（比如：交通能力、写字能力、计算能力、耐力、情绪稳定性、视力……）、相关能力要求条件（比如：与同事的合作能力、和客户的沟通、听从上司的要求……）、工作环境（如：温度、气味、噪音、需要使用什么设备或工具……）、自然支持策略（如：职务再设计、上司和同事的支持、就业辅导员……）。

3. 注重实操性。理论学习只是教学的一部分，为了更好地适应真实职场的生存环境，教学内容应与实际的工作要求直接吻合。比如洗车，实际生活中的洗车场有人工洗车和自助洗车，两者有不同的操作步骤，学校在开展教学时应以实际操作标准为准。一方面，可以让任课老师去职场实习，“学成归来”再将经验传授给学生；另一方面，可以在学校设置实习工场，模拟演练；甚至可以直接与雇主合作，让学生去到真实职场实习。而且实习还有一个优点，与直接就业相比，通过实习直接留用的可能性更高。

40. 学校如何支持自闭谱系障碍儿童的居家生活准备？

在 2015 年 IMFAR 亚太区孤独症论坛上，Mark R.Klinger 博士公布了一些关于 ASD 成人需要支持的日常照料的数据，他们团队认为，ASD 成人在 7 个日常照料方面最需要支持，分别是理财(84%)、健康照护(73%)、社会活动(73%)、进餐(71%)、社区参与(68%)、清洁(64%)、卫生保健(51%)。也就是说，如果想让 ASD 孩子在未来能拥有更好的居家生活，在前期就可以从这几个方面进行针对性的干预。但每一个自闭谱系障碍儿童都不一样，每个人的实际情况和需求不一样，所以建议可以依据 TPI-2《转衔计划量表》的测验结果以及访谈、观察结果来进行干预。

比如，通过 TP1-2 评估及进一步的访谈，发现学生的生活领域中的个人金钱管理部分，“如何支付账单”这一项尚没有掌握，而这部分在未来的居家生活中是很重要的，那学校可以怎么做呢？参考图 40-1，学校可以通过课堂教学、校内活动、校外活动这三方面进行设计。课堂教学方面，可以将支付账单融入普通课程中，也可以开设独立课程（如：教导学生如何缴纳家中的水电费）。校内活动方面，可以开展模拟演练活动，比如模拟一个自来水厂或电力公司的营业点，让学生拿着水费/电费账单去这个营业点缴费。校外活动部分，也就是实际操作部分，让学生拿着家里的真实的水费/电费账单到真正的自来水厂/电力公司的营业点去缴费。

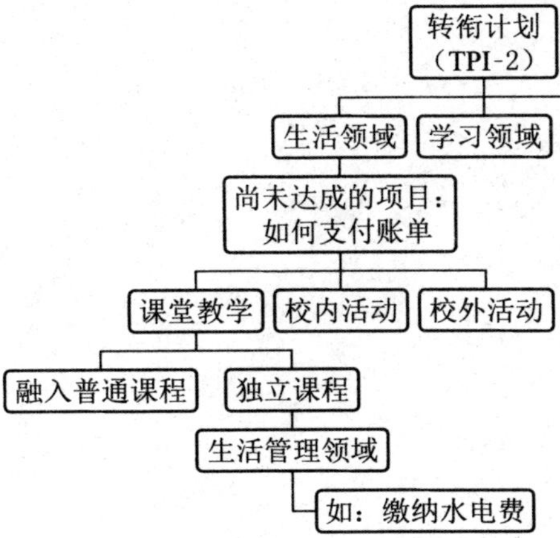

图 40-1 转衔计划—教学 & 活动架构图①

① 修改自：林素贞（2016）. 身心障碍学生的转衔教育. 未出版的手稿，高雄师范大学特殊教育学系，台湾高雄市.

第四部分
自闭谱系障碍儿童的社区融合与支持

41. 如何帮助社区理解自闭谱系障碍？

一般情况下，自闭谱系障碍儿童不存在故意伤害其他同伴的主观动机，这种动机只有很个别的情况下会出现，而且这种概率很小。两个典型发展儿童一起游戏的时候也可能会有冲突。ASD 儿童的行为需要我们从另外的角度来理解。

ASD 儿童的核心问题表现在社会交往方面，并且绝大部分的 ASD 儿童没有口语或者语言发展迟缓。他们不能很好地理解外界信息，也不能采用恰当的方式来表达自己的需求。因此，除了为追求自身感觉刺激而产生的刻板行为外，有的 ASD 儿童还会表现出其他一些问题行为，包括自伤行为和攻击性行为。这些行为通常与当时的情境紧密联系，是 ASD 儿童和他人进行沟通的方式。举个例子来说，玩积木的时候，ASD 儿童想加入游戏，他可能会直接走过去推倒同伴的积木，但这一行为对 ASD 儿童可能相当于问“我可以一起玩吗？”

一些自闭谱系障碍儿童存在感觉统合失调问题，这些问题的存在会使他们对周围环境的感受或体验异于他人。比如，环境中不会引起典型发展儿童不适反应的声音，会因自闭谱系障碍儿童的听觉异常敏感而使其反应激烈，遂引起其情绪波动，而情绪波动有时会造成行为异常，因此在某些情况下会有一定程度的伤人或自伤现象出现。同理，其他方面的感觉异常也会引起类似现象，像视觉刺激、嗅觉刺激、触觉刺激等，都会引起个别自闭谱系障碍儿童的不适与行为异常，此类行为异常并不会造成必然的攻击情况，但有可能会造成一些偶发事件的发生。

可见，ASD 儿童的行为与情境有关，换个角度，也可以说我们可以通过情境来预测他们的行为。因此，如果我们和我们的孩子能够了解 ASD 儿童个体的习惯，并从老师和家长处获得一些与 ASD 儿童相处的小策略，我们就能用更易被 ASD 儿童接受的方式与他们沟通，那么 ASD 儿童攻击性行为也会随之减少。

此外，家长和教师可以对所在社区的居民进行知识普及，使他们了解自闭谱系障碍儿童的特征，了解会引起这些儿童激烈反应或不适反应的事物，避免不必要的误解和冲突。预防在先，共同为自闭谱系障碍儿童建构一个融合的社区环境。

家长和教师可以与社区的游乐场、小卖部或者超市的管理人员和工作人员进行预先沟通，为这个群体提供一些参与和融入社区活动的机会。

42. 我的孩子跟自闭谱系障碍的孩子在一起会变得刻板和自闭吗？

典型发展儿童在融合的教育环境下，与 ASD 儿童一起学习游戏，不会阻碍他们的发展。

迄今为止，自闭谱系障碍的病因仍不明确，但目前一致认为，自闭谱系障碍是一种由于个体脑部神经发育异常引起的广泛性发展障碍，不具有“传染性”，这点要特别强调！

ASD 儿童在语言、社会交往、情感理解表达方面都比一般儿童困难，并伴有刻板重复行为和狭隘兴趣。他们的这种刻板行为和自闭状态并非外在刺激或环境造成，也非社会交往造成。区别于抑郁症、躁郁症等心理疾病或心理障碍，他们的刻板或自闭行为只是自身的某种行为习惯。这些刻板行为和自闭状态均会给自闭谱系障碍儿童带来不同程度的快感、安全感或舒适感，但典型发展的儿童并不完全能从中获得同样的快感、安全感或舒适感，因此他们不会因为与自闭谱系障碍儿童成为同伴而变得刻板与自闭。

也许存在有些年龄较小、好奇心较强的儿童暂时模仿 ASD

儿童的刻板和重复行为的现象，但只要外界不过度强化并能给予正确的引导，随着时间推移和儿童自身判断能力、控制能力的发展，这些模仿行为会逐渐消退。

现有研究报告显示，典型发展儿童与ASD儿童共同游戏、学习，不仅不会使典型发展儿童变得刻板和自闭，在一定程度上还促进了典型发展儿童的发展，尤其是在尊重多样性、社交技能、领导力以及容忍性等方面①&②。

---

① Finke, E. H., McNaughton, D. B., & Drager, K. R.. "All Children Can and Should Have the Opportunity to Learn": General Education Teachers' Perspectives on Including Children with Autism Spectrum Disorder who Require AAC. AAC: Augmentative & Alternative Communication, 2009, 25(2): p.110—122.

② 苏雪云，严淑琼(2014).自闭谱系障碍儿童教育指导手册.上海市长宁区特殊教育指导中心.

43. 作为普通儿童家长，我们能为自闭谱系障碍儿童及其家庭做些什么？

首先，我们不能孤立和排斥自闭谱系障碍儿童，我们可以对自闭谱系障碍的相关概念和特征表现做一个较为详细的了解（具体可以参见本书的第一部分）。在对自闭谱系障碍有一个客观和科学认识的基础上，我们再进一步地理解和尊重自闭谱系障碍儿童及其家庭，并真心地接纳谱系儿童及其家庭。有时候，我们对谱系儿童及其家庭的任何一点积极关注，都可能成为谱系儿童发展的助力，特别是给予他们家庭坚持下去的精神力量。

其次，我们是自己孩子的良好榜样，我们的一言一行都在影响着孩子。因此，我们在更好地认识、理解和接纳自闭谱系障碍儿童的基础上，向孩子传达自闭谱系障碍的相关知识以及对待他们的正确态度。这样，孩子能够与谱系儿童有更多自然的互动，也能形成良好的班级氛围、社区氛围，从而使得谱系儿童的融入变得更为顺利。当然，我们的孩子也会在这个过程中学习到如何尊重和接纳差异性，欣赏特殊性。

第三，我们可以做一个很好的聆听者和沟通者。相比典型发展儿童的家长，自闭谱系障碍儿童的家长面临着更大的压力（养育压力、经济压力、心理压力等），他们有倾诉的欲望。如果在社区生活或者学校生活中，他们想要倾诉一些自己的想法，不妨仔细聆听，也可以分享自己的养育经验，想必他们也会从中汲取能量和经验。

第四，我们可以做一个宣传者。在了解自闭谱系障碍相关知识的基础上，可以在生活中向身边的人普及自闭谱系障碍的相关知识，使大家对其少些误解、多些理解。

第五，我们可以成为融合伙伴。一方面，可以鼓励、引导自己的孩子成为自闭谱系障碍儿童的融合同伴（具体可以参见本书的第三部分）；另一方面，自己也可以成为自闭谱系障碍儿童家庭的融合伙伴，比如，邀请自闭谱系障碍儿童的家庭参与休闲活动，打球、聚餐、旅游、看电影……这些都能提供很多很好的互动机会。

第六，我们还可以是资源提供者。比如，如果自己手头上有一些就业资源，而且又比较适合自闭谱系障碍孩子，那不妨尝试为自闭谱系障碍孩子提供就业机会。又或者自己知道一些有利于自闭谱系障碍孩子发展的信息，可以向其家长分享。

其实，普通儿童的家长能做的事情很多，但不要把自己定位成“施舍者”，觉得自己为自闭谱系障碍儿童及其家庭所做的都是出于可怜、同情。我们可以把自己当做“支持者”，把“残疾”或者“障碍”，包括自闭谱系障碍，视作人类多样性的一部分，理解障碍个体和家庭所承担的压力，尽力支持自闭谱系障碍儿童及其家庭的正向成长。一个社会的文明程度，也时常是从他们对待“残障人士”的态度上体现的。

44. 在我们的社区，我们可以为自闭谱系障碍儿童及其家庭做些什么？

社区生活是自闭谱系障碍儿童及其家庭生活中非常重要的一部分，最终自闭谱系障碍儿童也需要回归社区生活。在我们的社区，我们其实可以为他们提供很多支持。

一、物理环境

物理环境的设计与调整可以参考第三部分“如何创建一个包容支持的校园环境”，虽然场所不同（一个是校园，另一个是社区），但很多原理是共通的。比如，有的自闭谱系障碍儿童很喜欢凹凸不平的地面，通过触摸这种地面来满足自我刺激。那社区在建设或调整公共设施时，可以考虑修建一小段鹅卵石路，不仅可以让这样的自闭谱系障碍儿童满足自我刺激，也方便居民进行相关的休闲活动。再比如，社区需要施工，有比较大的噪音，那可以提前告知自闭谱系障碍儿童及其家庭（因为有的谱系孩子听觉敏感，过大的声音可能会引起一些问题行为），让家庭可以提前采取措施。

如果社区觉得自己的专业性不够，可以咨询相关的专业机构，为自闭谱系障碍儿童营造更好的学习环境和生活环境，配置更便利于他们的公共设施，有条件的社区还可配置相关康复设备，使其在社区和生活中继续学习和康复，为其回归社会打下良好基础。

二、心理环境

社区在建设心理环境方面，可以作为一个宣传倡导者的角色。在社区中，可以定期举办自闭谱系障碍相关知识的讲座与宣传，让社区中的居民对自闭谱系障碍的相关概念和特征表现有一个较为详细的了解，更进一步地理解和尊重自闭谱系障碍儿童及其家庭，并真心地接纳他们。社区还可以组织公益活动，使自闭谱系障碍的家庭感受到社区对儿童的理解与包容，增加自闭谱系障碍儿童及其家庭成员的生活信心。

社区在宣传自闭谱系障碍时，可以参考知识卡片 44-1《自闭谱系障碍儿童希望你知道的十件事》。

知识小卡片 44-1

自闭谱系障碍儿童希望你知道的十件事

1. 我是个儿童，虽然我有自闭谱系障碍，但自闭不是我唯一的特质，这是最重要的

2. 我的感觉系统是失调的

在日常生活中，很多的影像、声音、气味和触碰可能不会让你注意，但却会给我带来极大的痛苦。你可能会觉得我不接触社会或者对你有攻击性，可我这样做只是想保护自己。我的听觉、嗅觉可能非常敏感。因为我是个视觉导向的人，视觉可能会

成为我最易受到过度刺激的感官。

3. 请记得将我“不肯”（我选择不要）与我“不能”（我做不到）分清楚

我不是不听话，而是听不懂你所说的话。当你直接用简单的话告诉我，我才会比较容易理解并按照你说的去做。

4. 我的思考方式非常具体，我通过字面意思来理解语言

请用直接字面意思跟我说话，成语、俏皮话、歇后语、双关语、隐喻、暗示、讽刺、这些表达我都弄不懂。

5. 我掌握的字词有限，请对我多一些耐心

因为我无法用我有限的词汇来表达我的感觉，所以自然没法告诉你。所以，请注意我的身体语言，退缩、烦躁或其他动作都可能是事情出错的征兆。不过有时候情况也可能相反，我可能会背出长篇大论（仿说），我可能并不了解自己所说的内容或者使用的术语。

6. 语言对我来说比较困难，我需要视觉导向

你与其跟我说怎样做一件事，不如示范给我看，并且，请你做好一定的心理准备，或许这样的示范要重复很多遍。图象式的视觉日程表有助于我的日常作息。

7. 请关注我能够做到的事，而不是我做不到的事

当我很确定如果去尝试做一些新鲜事就会遭受批评的时候，我就会避免这样做。所以，请尽可能地找出我的优点，你一定会找到的。通往成功的路不止一条，同样，做很多事情的方法也不止一种。

8. 请帮助我进行社交互动

我不知道怎样解读人的面部表情、身体语言或者其他一些

情绪，所以，如果你不断地教导我怎样作出合乎礼仪的反应，我会非常感激你。

9. 请努力确定引发我情绪失控的因素

当我出现发怒、崩溃、发脾气或类似状况时，其实我比你们还要害怕。请你记住，我的障碍，所有行为都是沟通的方式，它们会告诉你，我只是没有能力用语言表达对某件事情的感觉。

10. 请无条件地爱我

请不要有这样的想法："如果他可以……就好了。""为什么他就是不能……"有自闭谱系障碍并不是我的选择，但请记住，这件事确实发生在我的身上，如果没有你的支持，我几乎不可能拥有成功而独立的生活。

请记住三个词：耐心、耐心、耐心

请不要把我的自闭谱系障碍看成是残障，请把它当做一种不同的能力。请跳出你可能受到的视觉限制，看到自闭谱系障碍给我的天赋。

摘自《孤独症孩子希望你知道的十件事》，作者：艾伦·诺波姆，译者：刘敏珍，中国妇女出版社(2012)

三、学习/休闲

可以在社区开设兴趣班或组织社团，比如绘画班、乐高班、游泳班、攀岩班、跆拳道社团、羽毛球社……这对自闭谱系障碍儿童来说，既是学习的机会也是休闲的方式。他们可以从中学习到一些技能，培养兴趣(这兴趣有可能发展成为未来就业的优势)，提升休闲的能力，还可以增加与人互动的机会，这是自闭谱系障碍儿童社区融合的一种很好的方式。

四、喘息服务

自闭谱系障碍儿童的家庭所面临的养育压力、经济压力和心理压力，不是常人所能想象的。所以，自闭谱系障碍儿童的家长需要支持，需要喘息。每天都绷着一根弦，如果没有途径可以“喘息”，真的很有可能发生家庭悲剧。

在国外，“喘息服务”项目是非常庞大的工程，需要跨部门合作，涉及很多复杂的流程。在国内，目前还没有建立成熟的体系，但不意味着社区无用武之处。比如，社区可以组织志愿者陪伴孩子做作业、玩游戏，让家长有时间去完成其他工作。社区还可以组织典型发展儿童的家庭与自闭谱系障碍儿童的家庭组成互助小组，周末或平时轮流照顾孩子，不仅可以帮助自闭谱系障碍儿童融合，也帮自闭谱系障碍儿童的家长分担了一些压力。

五、就业

台湾地区有为身心障碍者提供小型作业所的工作机会，这种小型作业所一般设在机构或者社区，招收的学员主要是中度、重度的身心障碍者。这些身心障碍者可以在其中从事一些简单的劳动，也可以开展职业训练。上海地区也有类似的模式——“阳光之家”，但“阳光之家”招收的学员大多数能力比较好，障碍程度也比较轻。建议大陆地区也可以尝试在社区里设置小型作业所，让社区里的身心障碍者（包括自闭谱系障碍人士）可以在小型作业所进行职业训练和简单劳作。

六、托养

自闭谱系障碍儿童成年后有两种可能：能独立生活或无法

独立生活。孩子能独立生活当然是最好的，如果无法独立生活，那社区能提供什么支持呢？首先要看孩子的障碍程度和家庭情况，如果孩子的程度比较重，而家庭又无法和孩子共同生活，那社区可以提供全日制(24 小时)的托养服务；如果家庭可以与孩子共同生活，但没办法 24 小时照护，社区则可以提供日间照料服务或者小时工。也就是说，社区可以成为过渡式的托养机构或者说一种安置形式，为无法独立生活的自闭谱系障碍儿童提供服务。

45. 自闭谱系障碍儿童在社区里可以如何参与和学习?

社区可以配备适合自闭谱系障碍儿童的康复设备并提供服务,使其在社区中继续学习和康复。

自闭谱系障碍儿童还可以在参与社区活动和社区服务中学习。社区是有别于课堂环境的教育环境,在教室里干预再多,对自闭谱系障碍儿童来说也很难迁移到其他环境中。在学校里,沟通交流的机会实在有限,社区恰恰可以提供这种机会,为自闭症儿童提高社交技能、改善社交障碍营造社会化的教育环境。

社区是综合性的,比学校环境更开放,又比真正的社会更具保护作用,可以进一步提升自闭症儿童的生活质量,让他们习得和巩固知识与技能。例如,重庆有一个大龄智障青年组成的社区,智障人士在社区里面生活、手工活动、娱乐,还组建了一个剧组,排练节目演出。

自闭谱系障碍儿童还可以在有人监护的情况下在社区的超市或其他营业场所参与或从事适合自己的简单工作,例如成为超市理货员、收银员、清洁工等，在实践中学习与锻炼，提高自理能力和社交能力，为成为一个自食其力的人做准备。

有关内容和策略可以参考第三部分第 39～40 问的内容。

第五部分
资 源 推 荐

46. 哪些相关的网络资源可以参考？

一、国内网站

1. 典型儿童发展的里程碑信息

教育部《0—6 岁儿童发展的里程碑》在线阅读：

http://www.cnsece.com/kindTemplate/MsgDetail/23594

2. 自闭症相关论坛和微博

中国孤独症网：http://www.cautism.com/

自闭症家庭网：http://www.gzconcern.cn/

中国孤独症支援网：http://www.guduzheng.net/

上海自闭症机构：http://www.zibibbs.com/

北京自闭症论坛：http://www.bjzibizheng.com/

自闭症家长论坛：http://www.zibibbs.com/

自闭症论坛：http://blog.tianya.cn/blogger/blog_main.asp?BlogID=2211027

中国孤独症论坛：http://www.guduzh.org/

新浪微博：中国特殊教育论坛、走近自闭症——张萱、上海孤独症工作委员会

3. 相关政策

“十二五”规划中自闭症救助的相关要点：http://www.guduzh.org/thread-745-1-1.html

上海市出台的8～16周岁残疾少年儿童康复训练补贴政策：http://www.spe.edu.sh.cn/content.aspx?id=6950&pid=100&type=1

上海阳光宝宝卡申领：http://zhidao.baidu.com/question/210273190.html

4. 入学信息

各阶段特殊学校列表和链接：http://www.spe.edu.sh.cn/fengcai.aspx

5. 教师教学相关网站

自闭症学生辅导手册：http://r2.ntue.edu.tw/imgr20400/pdf/r2040207.pdf

自闭谱系障碍儿童的结构式教学：http://www.doc88.com/p-0157335140613.html

经过实证证明有效的教学方法：“What works Clearinghouse”(https://ies.ed.gov/ncee/wwc)

6. 干预方法

《大米和小米》同石老师特地联合制作了实证有效的干预手段筛查工具网站：survey.hanen.us

7. 其他

香港协康会：http://www.heephong.org/

上海特教之窗：https://shsedu.shec.edu.cn

上海特教在线：https://spe.hpe.cn

上海特殊教育资源库：https://sser.shec.edu.cn

太平洋亲子网宝宝知库：http://book.pcbaby.com.cn/

中国残疾人联合会：http://www.cdpf.org.cn

二、国外网站

自闭症之声：www.autismspeaks.org/

美国自闭谱系障碍职业发展中心：http://autismpdc.fpg.unc.edu/national-professional-development-center-autism-spectrum-disorder

IDEA 数据中心：https://ideadata.org/

美国国家自闭症中心：https://www.nationalautismcenter.org/

美国自闭症研究国际协会（INSAR）：http://www.autism-insar.org/

注：以上信息仅供参考。

47. 哪些相关的专业书籍可以参考？

自闭谱系障碍儿童教育干预相关的书籍很多。家长可以先从概论性的书籍读起，也可以阅读自闭症儿童家长的一些故事，然后根据自己的教育理念和儿童的障碍水平和优势，以及特征和需求，阅读行为管理或者其他干预方法的书籍。一定要把相关的知识和策略，与儿童的日常生活结合，教授儿童自理能力、帮助儿童了解自己和世界，最终使其可以自立或者在支持下自立。

Ron Leaf & John McEachin 主编，蔡飞译，孤独症儿童行为管理策略及行为治疗课程.北京：华夏出版社，2008.

张雁.蜗牛不放弃——中国孤独症群落生活故事.北京：华夏出版社，2007.

杨蕢芬.自闭症学生之教育.台北：心理出版社，2005.

天宝・葛兰汀(Temple Grandin).应小端译：星星的孩子.台北：天下文化，1999.

肯尼斯.霍尔.星星小王子：来自亚斯伯格宇宙的小孩.台北：

久周文化出版社，2007.

刘春玲，江琴娣. 特殊教育概论. 上海：华东师范大学出版社，2008.

黄伟合. 儿童自闭症及其他发展性障碍的行为干预：家长和专业人员的指导手册. 上海：华东师范大学出版社，2003.

徐光兴. "雨人"的秘密：解读自闭症之谜. 上海：上海科学技术出版社，2005.

杨晓玲，蔡逸周. 解密孤独症. 北京：华夏出版社，2007.

黄伟合，贺荟中. 功能性行为评估与干预[M]. 华夏出版社，2013.

普瑞桑，菲尔兹 · 迈耶著，陈丹，黄艳，杨广学译. 这世界唯一的你：自闭症人士独特行为背后的真相[M]. 机械工业出版社，2016.

倪萍萍，周波. 苏雪云主编. 如何发展自闭谱系障碍儿童的自我照料能力[M]. 北京大学出版社，2014.

吕梦. 苏雪云主编. 如何发展自闭谱系障碍儿童的社会交往能力[M]. 北京大学出版社，2014.

韩文娟. 苏雪云主编. 如何发展自闭谱系障碍儿童的感知和运动能力[M]. 北京大学出版社，2014.

潘前前. 苏雪云主编. 如何发展自闭谱系障碍儿童的认知能力[M]. 北京大学出版社，2014.

朱晓晨. 苏雪云主编. 如何发展自闭谱系障碍儿童的沟通能力[M]. 北京大学出版社，2014.

朱瑞. 苏雪云主编. 如何在游戏中干预自闭谱系障碍儿童[M]. 北京大学出版社，2014.

孙玉梅.自闭谱系障碍儿童家庭支持系统[M].北京大学出版社，2015.

天宝·葛兰汀著，燕原译.我心看世界——天宝解析孤独症谱系障碍[M].华夏出版社，2012.

天宝·葛兰汀著，范玮译.用图像思考——与孤独症共生[M].华夏出版社，2014.

天宝·葛兰汀，肖恩·巴伦著，刘昊译.社交潜规则：以孤独症视角解析社交奥秘[M].华夏出版社，2013.

天宝·葛兰汀，理查德·潘内克著，燕原译.孤独症大脑：对孤独症谱系的思考[M].华夏出版社，2016.

苏雪云.如何理解自闭谱系障碍和早期干预[M].北京大学出版社，2014.

苏雪云.婴幼儿早期干预[M].华东师范大学出版社，2016.

比克伦著，池朝阳译.虚构的孤独者：孤独症其人其事[M].华夏出版社，2015.

艾伦·诺波姆.孤独症孩子希望你知道的十件事.刘敏珍译.北京：中国妇女出版社，2012.

Toni W. Linder.在游戏中评价儿童——以游戏为基础的跨学科儿童评价法.陈学锋、江泽菲等译.上海：华东师范大学出版社，2008.

Toni W. Linder.在游戏中发展儿童——以游戏为基础的跨学科儿童干预法.陈学锋、江泽菲等译.上海：华东师范大学出版社，2008.

Kathleen Ann Quill.做看听说——自闭症儿童社会与沟通技能介入手册.杨宗仁等译.心理出版社，2010.

48. 适合我们的孩子阅读的绘本有哪些？

绘本选择上其实没有特别的规定，可以参考自闭谱系障碍儿童的兴趣爱好和特征以及发展水平，借助绘本阅读，可以帮助儿童运用视觉和听觉线索，学习阅读的技巧、学习观察图片、与家长/教师分享信息。以下绘本仅供参考。

- ✧ 0～3岁小婴孩必备全书：经典童话本.吉林美术出版社(2008年)：汇集世界童话大师传世名作，让宝宝在阅读优美童话故事的同时达到学习知识、陶冶情操的目的，是宝宝早期启蒙阅读必备书。
- ✧ 好饿的毛毛虫.卡尔.明天出版社(2008年)：如果说有一条虫子能一路畅通无阻地从一个国家爬到另一个国家，那么就是它了！这是一本充满了诗情与创意的图画书。
- ✧ 小兔汤姆系列.玛莉-阿丽娜·巴文.海燕出版社(2008年)：这是一本读起来让人高兴的书，全文充满了孩子童稚的言语和天真的游戏，还有亲子之间愉快的互动。

- ✧ 完美成长故事美绘本：社交行为（亲子版）.李丰绫.北京出版社（2013 年）：包含大量贴近孩子生活、主题突出的小故事，告诉孩子基本的社交礼仪，如何养成良好习惯，学会战胜困难和恐惧，如何提高孩子的情商，以及科学童话和益智故事中蕴藏的道理。
- ✧ "我的感觉"系列.斯贝蔓.电子工业出版社（2007 年）：该丛书用简单和抚慰人心的语言，帮助孩子了解与管理自己的感觉，并且让他们懂得以同理心对待别人。
- ✧ 青蛙弗洛格的成长故事.维尔修思.湖南少年儿童出版社（2006 年）：这是一套有助于孩子心灵成长的心理教育故事。每个故事都自然流露出某种重要的主题，充满了想像力。
- ✧ 不要随便跟陌生人走.珊蒂·克雷文.青岛出版社（2011 年）：这是一套主题特别的图画书，对那些即将离开父母的视线、进入校园学习的孩子们来说，也是一套非常有帮助的教科书。
- ✧ 小熊宝宝绘本.佐佐木洋子.连环画出版社（2007 年）：这套绘本涵盖了幼儿生活的各个方面：吃饭、睡觉、洗澡、穿衣、问好、交友等。语言简单凝练，便于儿童识记，动物形象生动传神广受儿童喜爱。
- ✧ 考拉宝宝系列（套装共 6 册）.纳帝雅·贝尔凯纳等.少年儿童出版社.（2009 年）：主人公考拉宝宝两岁了，她聪明又活泼，喜欢和好朋友皮皮一起探索周围的世界。内容涵盖就餐、洗澡、交友、探索等主题。
- ✧ 自我保护意识培养：我不跟你走＋别想欺负我（套装共 2 册）.伊丽莎白·崔勒.新世界出版社（2011 年）：通过主人公

吉姆和露露两人的故事，帮助儿童了解自我保护的重要性。

✧ 鳄鱼怕怕牙医怕怕. 五味太郎. 少年儿童出版社(2005 年)：鳄鱼不想看牙医，但它非看不可。牙医也不想看到鳄鱼，他们是怎么办到的呢？帮助儿童了解保护牙齿的重要性。

✧ “学习毛毛虫”系列丛书学习毛毛虫. 布于恩麦斯特. 河南科学技术出版社(2012 年)：适合 3～5 岁学龄前孩子，将玩与学结合在一起，让孩子们一边玩一边学，不仅有趣，而且有助于开发孩子的智力。

✧ 我的第一本专注力训练书. 美国迪士尼公司. 人民邮电出版社(2012 年)：精选《看到找不到》系列最经典和最受欢迎的形象页面，增加了专注能量级的划分和“目标锁定”等小细节，提升孩子寻找之后的成就感，逐步提升专注力、记忆力、观察力三大能力。

✧ 迪士尼 N 次写：玩转数学＋学写汉字. 童趣出版有限公司. 人民邮电出版社.(2008 年)：“N 次写”是一套为 3～6 岁儿童量身打造，可反复擦写的游戏书。内容浅显易懂、深入浅出；形式活泼有趣，快乐轻松地培养孩子的学习兴趣。

✧ 幼幼成长图画书：非常适合小龄宝宝看的一套书，画出了每个活动的过程，比如穿衣是怎么穿的。

✧ “小宝贝大世界”系列：依然还是幼幼成长系列，但内容更丰富。

✧ 《噼里啪啦》系列：这是一套立体书，阅读的同时满足宝宝翻翻看的趣味。

✧ 《洞洞书》：一套互动的书，整个书每一页都有一个洞洞，这个洞洞同时又是许多不同的物体。

✧ 《捉迷藏》低幼认知翻翻书系列：每一页都有一个小动物藏了起来，但是总会有一部分露出来，小宝宝赶快找出来吧。

✧ 水墨宝宝视觉启蒙绘本：展现中国传统水墨风格画的同时，绘本内容也很简单，语言简短，适合孩子视觉练习、语言学习。

✧ 《晚安，大猩猩》：有配套视频，这本书暗含了很多细节，比如每个动物都有自己不一样的玩具，每把钥匙和门的颜色一致，贯穿始终的小老鼠这条故事线，还有大猩猩为什么会去管理员家睡觉？可以带着孩子细细观察。

✧ 《你一半，我一半》：初步的分配概念。

✧ 《肚子好饿的毛毛虫》：有配套视频，精装版的书上有洞洞，让孩子模仿毛毛虫从一页爬到另一页。

✧ 《这样的尾巴可以做什么?》：这是一本没有具体故事情节的书，以提问的方式引出各种动物身体不同部位对于他们的独特功能，是一本极好的科普认知图书。

✧ 《生气的亚瑟》《菲菲生气了》《我变成一只喷火龙了》《床底下的怪物》《我好担心》《讨厌黑夜的席奶奶》：可以引导小朋友学习面对并抒发脾气与情绪的绘本。

✧ 《小老鼠无字书》《手电筒看见了什么》：无字书，可引导孩子关注画面。

✧ 《爱音乐的马可》：有配套的视频，可引导孩子认识乐器。

✧ 《胖国王》《瘦皇后》《眼镜公主》：立体书，讲述的是一家三口的故事。

49. 我们可以通过观看哪些影视作品来了解自闭症？

电影	电视剧
《沧海赤子心》(1979 年,美国) 《雨人》(1988 年,美国) 《马拉松小子》(2005 年,韩国) 《马拉松(SP)》(2007 年,日本) 《玛丽和马克思》(2009 年,澳大利亚) 《一闪一闪亮晶晶》(纪录片,2010 年,中国台湾) 《海洋天堂》(2010 年,中国) 《自闭历程》(*Temple Grandin*)(第 62 届美国电视艾美奖,2010 年,美国) 《我的名字叫可汗》(2010 年,印度) 《遥远星球的孩子》(纪录片,2011 年,中国台湾) 《星星的孩子》(2012 年,中国) 《我和地球人相处的日子》(纪录片,2012 年,中国台湾) 《筑巢人》(纪录片,2013 年,中国台湾) 《生活,动画》(*Life, Animated*)(奥斯卡金像奖提名,2017 年,美国)	《与光同行》(2004 年,日本) 《我脚下的路》(2006 年,日本) 《守望的天空》(2012 年,中国) 《小谢尔顿》(2017 年— ,美国) 《良医》(2017 年— ,美国)

50. 适合我们的孩子使用的 App 有哪些?[①]

电子产品特别是平板电脑的使用，一直是一个存在争议的话题。我们发现很多自闭谱系障碍儿童对电子产品非常感兴趣，能快速习得相应的技能。我们建议 2 岁以下的儿童尽量避免使用电子产品。大龄儿童，也不能把电子产品当作保姆，由成人协助选择健康益智的 App，并且应该是成人和儿童一起来互动，管理好使用时间。下面推荐的 App 有一些特别针对辅助沟通、情绪识别等自闭谱系障碍儿童核心需求，建议家长也可以自行搜索和选择。

✧ 协康会—儿童情境学习：辑录了一系列程序故事和社交故事，期望透过成人的教导，孩子能更快学会环境中的新事物，使其能轻松愉快地投入不同的活动中。

---

① 苏雪云(2014).如何理解自闭谱系障碍和早期干预.北京：北京大学出版社，p.188—191.

- 布朗博士的自闭症 DX：一个简短的信息式应用程序，这一程序的设计旨在帮助你发现适合您孩子的自闭症诊断和治疗方式。此应用程序包含了有效且易于理解的信息，可以同时帮助你和你的孩子。
- 图片沟通辅助：一款能够通过简单的画面交互系统帮助自闭症人士进行沟通的应用程序。图片沟通辅助 App 能帮助语言障碍者建立实用的沟通技巧，有效地与他人沟通，并训练及促进他们的语言发展。
- 一点点爱.同伴交往：收录三个故事，通过温馨的童话，让孩子学会乐于助人、表达善意，懂得为他人着想。每个故事还配有“专家的话”和“妈妈的话”，帮助成人指导幼儿阅读。
- 鬼脸—儿童游戏：一款比较简单的换脸游戏，可选择不同的脸，改变眉毛、眼睛、鼻子和嘴，组合成不同的鬼脸。
- 亲子互动游戏大全：提供线上最丰富最齐全的亲子游戏教程，满足宝贝多元智能开发的需求，促进亲子和谐发展，增进亲子情感联系。有数学、识字、国学、音乐、故事、拼图等多种游戏形式。
- Dr.Panda 超市：一款休闲游戏，孩子们将通过寓教于乐的超市主题的迷你游戏，熟悉超市运作并培养货币意识。
- Dr.Panda 果蔬园：一款休闲游戏，让孩子们了解盘中的水果和蔬菜是如何栽培和收获的，可以让孩子们熟悉番茄、玉米、小麦和柑橘等许多水果和蔬菜的栽培步骤。
- 看动物，听声音：收集了十来个小动物，点击小动物，小动物会发出叫声，可以教宝宝来认识动物。
- 少儿馆：本套系列谜语是针对 0～10 岁年龄段的孩子，了解生活中常见事物，加深对生活的认识。包括《形状篇》《水果蔬菜篇》《汉字》《动物篇》《生活用品篇》《交通工具篇》《食物篇》等 7 部分。

- Card-talk：仅支持 ios 系统，一款图片沟通辅助 App。

参考文献

1 American Psychiatric Association(APA). (2013). Diagnostic and Statistical Manual of Mental Disorders(5th ed.-Revised). Washington, DC: American Psychiatric Association.

2 Blumberg, S. J., Zablotsky, B., Avila, R. M., Colpe, L. J., Pringle, B. A., & Kogan, M. D.(2016). Diagnosis lost: Differences between children who had and who currently have an autism spectrum disorder diagnosis. *Autism*, 20(7), 783—795.

3 Blume, Harvey(September 30, 1998). "Neurodiversity". The Atlantic. Retrieved November 7, 2007.

4 Croen, L. A., Zerbo, O., Qian, Y., Massolo, M. L., Rich, S., Sidney, S., & Kripke, C.(2015). The health status of adults on the autism spectrum. Autism, 19(7), 814—823. doi:10.1177/1362361315577517.

5 Fein, D., Barton, M., Eigsti, I., Kelley, E., Naigles,

L.，Schultz，R. T.，... Tyson，K.(2013). Optimal outcome in individuals with a history of autism. Journal of Child Psychology and Psychiatry，54(2)，195—205. doi：10.1111/jcpp.1203.

6 Finke，E. H.，McNaughton，D. B.，& Drager，K. R.. "All Children Can and Should Have the Opportunity to Learn"：General Education Teachers' Perspectives on Including Children with Autism Spectrum Disorder who Require AAC. AAC：Augmentative & Alternative Communication，2009，25(2)：110—122.

7 Fisher，M.，& Pleasants，S. L.(2012). Roles，Responsibilities，and Concerns of Paraeducators：Findings from a Statewide Survey. Remedial and Special Education，33(5)，287—297.

8 Hirvikoski，T.，& Blomqvist，M.(2015). High self-perceived stress and poor coping in intellectually able adults with autism spectrum disorder. Autism the International Journal of Research & Practice，19(6).

9 Lewis，K. C.(2005). Seen but Not Heard：ESEA and Instructional Aides in Elementary Education. Review of Research in Education，29，131—149.

10 Lovaas，I.O.(1987). Behavioral treatment and normal educational and intellectual functioning in young autistic children. Journal of Consulting and Clinical Psychology，55，3—9.

11 Lubetsky, M.J., McGonigle, J.J., & Handen, B.L.(2008). Recognition of autism spectrum disorder. Speaker's Journal, 8(4), 13—23.

12 Mason R A, Rispoli M J. An aggregate study of single-case research involving aided AAC: Participant characteristics of individuals with autism spectrum disorders[J]. Research in Autism Spectrum Disorders, 2011, 5(4): 1500—1509.

13 Mesibov G B, Adams L W, Klinger L G. Autism: Understanding the Disorder[M]. Springer Science & Business Media, 2013.

14 Patton, J.R., & Dunn, C.(1998). Transition school to young adulthood: Basic concepts and recommended practices. Austin, TX: PRO-ED.

15 Roux, Anne M., Rast, Jessica E., Anderson, K.A., and Shattuck, Paul T. National Autism Indicators Report: Vocational Rehabilitation. Philadelphia, PA: Life Course Outcomes Research Program, A.J. Drexel Autism Institute, Drexel University, 2016.

16 Sharf, R.S.(2010). Applying career development theory to counseling(fifth edition). Brooks/Cole Pub. Co, 254.

17 Su, X.Y., Long, T., Chen, L.J., & Fang, J.M.(2013). Early Intervention for Children with ASD in China: A Family Perspective", *Infants and Young Children*, Vol 26(2):111—125.

18 Woods, J.(2008, March 25). Providing Early Intervention Services in Natural Environments. The ASHA Leader.

19 Edward A. Polloway.(2014).特殊需求学生的教材教法(林素贞,译).台北:华腾文化出版社.pp.2—3.

20 Ingersoll, B., & Dvortcsak, A.(2016):自闭证儿童社交游戏训练(郑铮,译).北京:中国轻工业出版社.

21 Jon Wiles & Joseph Bondi.(2004).课程发展实务导引(吴丽君等译).台北:双叶书廊.p.136.

22 埃里克·J.马什等著(2009):异常儿童心理(徐浙宁,苏雪云译).上海:上海人民出版社,pp.374—375.

23 陈顺森,白学军,张日昇,自闭谱系障碍的症状、诊断与干预.心理科学进展.2011, 19(1), 60—72.

24 戴淑凤,贾美香,陶国泰.(2008).让孤独症儿童走出孤独.北京:中国妇女出版社,5—20.

25 傅宏.孤独症病因模式与治疗选择,中国特殊教育.2001(2).41—44.

26 蒋秋静,张静.儿童自闭症的早期识别与早期干预.中国妇幼卫生杂志,2010, 1(4):217—219.

27 劳拉·施赖布曼.(2013):追寻自闭症的真相(贺荟中等,译).上海:上海人民出版社,p.55.

28 李爱荷(2017).运用辅助沟通系统提高自闭症儿童沟通能力的个案研究.华东师范大学.

29 李诺,刘振寰.中医对自闭症的认识及治疗现状,中国中西医结合儿科学.2009, 1(2), 150—152.

30 刘春玲,江琴娣.特殊教育概论[M].上海:华东师范大学出版社，2015：66—68.
31 鲁明辉，缪玉 & 杨广学.（2015）.自闭谱系障碍共病研究现状与启示.现代特殊教育（2），34—40.
32 吕梦，杨广学.如何发展自闭谱系障碍儿童的社会交往能力[M].北京：北京大学出版社，2014：3—4，21—26.
33 美国精神医学学会（2014）：精神障碍诊断与统计手册 案头参考书 第5版（张道龙译）.北京：北京大学出版社；北京大学医学出版社，pp.51—55.
34 钮文英（2009）.拥抱个别差异的新典范——融合教育.台北：心理出版社，251—299.
35 萨莉·J.罗杰斯，杰拉尔丁·道森，劳里·A.维斯马拉.孤独症儿童早期干预丹佛模式[M].张庆长，等，译.华夏出版社.2016：42.
36 身心障碍者权益保障法，台湾卫生福利部（2015）.
37 深圳市自闭症研究会.（2013）.中国自闭症人士服务现状调查：华南地区.北京：华夏出版社.
38 苏雪云（2014）.如何理解自闭谱系障碍和早期干预.北京：北京大学出版社.
39 苏雪云，王小慧.（2014）.从脑科学到社会融合——自闭谱系障碍干预面临的困境和意义.教育生物学杂志（3），184—188.
40 苏雪云，严淑琼（2014）.自闭谱系障碍儿童教育指导手册.上海市长宁区特殊教育指导中心.
41 特丽·库温霍芬.（2016）.智能障碍儿童性教育指南：正确认识身体、界限和性（林纯真，刘琼瑛译）.北京：华夏出版社.

42 天宝・葛林汀(2013)：用图像思考：与孤独症共生(范玮译).北京：华夏出版社，p.42.

43 王利丽.自闭谱系障碍儿童融合教育中影子老师的角色研究[D].华东师范大学，2015：3—5.

44 吴梓梁(2003).小儿内科学(下册).河南：郑州大学出版社，p.2348.

45 五彩鹿儿童行为矫正中心.(2015).中国自闭症教育康复行业发展状况报告.北京：北京师范大学出版社.p.9.

46 五彩鹿自闭症研究院(2017).中国自闭症教育康复行业发展状况报告(Ⅱ).北京：华夏出版社.p.18.

47 张世彗，蓝玮琛(2014).特殊教育学生评量.台北：心理出版社.

48 朱晓晨，苏雪云(2014).如何发展自闭谱系障碍儿童的沟通能力.北京：北京大学出版社.

图书在版编目(CIP)数据

我的孩子得了自闭症 ：自闭谱系障碍儿童融合教育支持手册 / 苏雪云，朱霖丽著 .— 上海 ：上海社会科学院出版社，2021

ISBN 978－7－5520－3462－2

Ⅰ. ①我… Ⅱ. ①苏… ②朱… Ⅲ. ①孤独症—儿童教育—特殊教育—手册 Ⅳ. ①G766-62

中国版本图书馆 CIP 数据核字(2021)第 035999 号

我的孩子得了自闭症:自闭谱系障碍儿童融合教育支持手册

著　　者：苏雪云　朱霖丽
责任编辑：杜颖颖
封面设计：黄婧昉
出版发行：上海社会科学院出版社
上海顺昌路 622 号　邮编 200025
电话总机 021－63315947　销售热线 021－53063735
https://cbs.sass.org.cn　E-mail：sassp@sassp.cn
照　　排：理工出版信息技术(南京)有限公司
印　　刷：上海新文印刷厂有限公司
开　　本：890 毫米×1240 毫米　1/32
印　　张：7.75
字　　数：163 千
版　　次：2021 年 6 月第 1 版　2025 年 11 月第 4 次印刷

ISBN 978－7－5520－3462－2/I・1067　定价：39.80 元